Latim básico

SÉRIE POR DENTRO DA LÍNGUA PORTUGUESA

DIALÓGICA

O selo DIALÓGICA da Editora InterSaberes faz referência às publicações que privilegiam uma linguagem na qual o autor dialoga com o leitor por meio de recursos textuais e visuais, o que torna o conteúdo muito mais dinâmico. São livros que criam um ambiente de interação com o leitor – seu universo cultural, social e de elaboração de conhecimentos –, possibilitando um real processo de interlocução para que a comunicação se efetive.

Angelo Renan Acosta Caputo
Clóvis Jair Prunzel

Latim básico

EDITORA intersaberes

Rua Clara Vendramin, 58 . Mossunguê
CEP 81200-170 . Curitiba . PR . Brasil
Fone: (41) 2106-4170
www.intersaberes.com
editora@editoraintersaberes.com.br

CONSELHO EDITORIAL
Dr. Ivo José Both (presidente)
Drª Elena Godoy
Dr. Nelson Luís Dias
Dr. Neri dos Santos
Dr. Ulf Gregor Baranow

EDITORA-CHEFE
Lindsay Azambuja

SUPERVISORA EDITORIAL
Ariadne Nunes Wenger

ANALISTA EDITORIAL
Ariel Martins

PREPARAÇÃO DE ORIGINAIS
Cezak Shoji Serviços Editoriais

PROJETO GRÁFICO
Raphael Bernadelli

ADAPTAÇÃO DO PROJETO GRÁFICO
Charles L. da Silva

DIAGRAMAÇÃO
Sincronia Design

ICONOGRAFIA
Celia Kikue Suzuki

1ª edição, 2017.

Foi feito o depósito legal.

Informamos que é de inteira responsabilidade dos autores a emissão de conceitos.

Nenhuma parte desta publicação poderá ser reproduzida por qualquer meio ou forma sem a prévia autorização da Editora InterSaberes.

A violação dos direitos autorais é crime estabelecido na Lei n. 9.610/1998 e punido pelo art. 184 do Código Penal.

Dados Internacionais de Catalogação na Publicação (CIP)
(Câmara Brasileira do Livro, SP, Brasil)

Caputo, Angelo Renan Acosta
   Latim básico/Angelo Renan Acosta Caputo, Clóvis Jair Prunzel. Curitiba: InterSaberes, 2017. (Série Por Dentro da Língua Portuguesa)

   Bibliografia.
   ISBN 978-85-5972-554-4

   1. Latim – Estudo e ensino I. Prunzel, Clóvis Jair. II. Título. III. Série.

17-09875   CDD-470.07

Índices para catálogo sistemático:
   1. Latim: Estudo e ensino   470.07

EDITORA AFILIADA

Sumário

Apresentação, 7

(1) Origem, evolução, alfabeto e prosódia da língua latina, 11
    1.1   Origem e evolução da língua latina, 14
    1.2   Influência do latim, 17
    1.3   Especificidades da língua latina, 20

(2) Casos e funções sintáticas dos substantivos latinos, 27
    2.1   Estrutura gramatical latina, 30
    2.2   Casos do substantivo latino, 32
    2.3   Declinações do latim, 37
    2.4   Gênero e número dos substantivos latinos, 38

(3) Casos e funções sintáticas da primeira declinação e verbos da primeira conjugação no indicativo ativo, 43

    3.1 Casos e funções sintáticas da primeira declinação, 46

    3.2 Sistema verbal latino, 52

(4) Verbo *esse*, 63

    4.1 Irregularidades do verbo *esse*, 66

(5) Casos e funções sintáticas da segunda declinação, 75

(6) Verbos da segunda conjugação do indicativo ativo, 89

    6.1 Tempos verbais, 92

(7) Pronomes e adjetivos latinos, 103

    7.1 Pronomes latinos, 106

    7.2 Adjetivos latinos, 117

(8) Casos e funções sintáticas da terceira declinação, 125

    8.1 Substantivos parissílabos, 128

    8.2 Substantivos imparissílabos, 131

(9) Numerais, advérbios, preposições e conjunções latinos, 141

    9.1 Numerais latinos, 144

    9.2 Palavras indeclináveis: advérbios, preposições e conjunções latinos, 148

(10) Do latim ao português, 153

    10.1 História da língua portuguesa, 156

    10.2 Portugal e o domínio da língua portuguesa em terras de além-mar, 160

    10.3 Variações ortográficas do português, 162

Vocabulário, 173

Lista de abreviaturas, 185

Referências, 187

Respostas, 189

Apresentação

Neste livro, convidamos você a revisitar a origem e a evolução da língua portuguesa. Nele, você encontrará embasamento teórico sobre o latim, capaz de esclarecer muitas questões ou dúvidas quanto à fonética, à fonologia, à morfologia, à sintaxe e à semântica de nossa língua materna.

Muitos estudiosos chamam o latim de "língua morta" pelo fato de não mais ser falado na sociedade contemporânea – argumento questionável para outros, por considerarem que esse idioma viveu, vive e continuará vivendo na estrutura linguística de suas línguas-filhas: o francês, o italiano, o espanhol, o português, o romeno, entre outras.

Neste estudo, retomaremos o latim sob a perspectiva de subsídio embasador ou esclarecedor de questões pertinentes ao aprimoramento da língua portuguesa.

Por isso, nossa viagem no tempo se inicia com o Capítulo 1, no qual fazemos uma retrospectiva histórica sobre o surgimento da língua latina na região do Lácio, sua expansão por toda a Península Ibérica e o domínio do povo romano no mundo conhecido até então. Em seguida, apresentamos a fonética e a fonologia latinas, bem como suas influências sobre as demais línguas que têm origem no latim, como é o caso da língua portuguesa.

No Capítulo 2, apresentamos a complexa estrutura frasal latina, suas particularidades quanto à posição dos termos na oração e à declinação dos nomes em casos, gênero e número por meio das flexões mórficas.

No Capítulo 3, contemplamos as flexões dos nomes em casos e suas respectivas funções sintáticas, bem como as flexões temporais e número-pessoais dos verbos latinos da primeira conjugação, estabelecendo um paralelismo com verbos da mesma conjugação da língua portuguesa.

No Capítulo 4, focamos a flexão irregular do verbo *esse* na condição de verbo auxiliar, num traçado comparativo com o verbo *ser* da língua portuguesa, assim como suas diversas possibilidades de tradução, condicionadas a situações contextuais.

No Capítulo 5, enfatizamos as irregularidades das terminações dos casos principais (nominativo e genitivo) e abordamos a predominância dos substantivos do gênero masculino, destacando, ainda, alguns nomes dos gêneros feminino e neutro.

No Capítulo 6, concentramo-nos em um estudo comparativo (entre latim e português) voltado para a flexão verbal, suas irregularidades, sua composição e suas semelhanças.

No Capítulo 7, convidamos você ao estudo sobre as funções de sujeito, adjunto adnominal e predicativo, bem como suas representações em relação às demais funções sintáticas, assumidas pelas diversas categorias gramaticais. Retomamos, também, as semelhanças, no que se refere às declinações, dos pronomes e dos adjetivos com os substantivos vistos em capítulos anteriores.

No Capítulo 8, chamamos a atenção para a mais complexa das declinações latinas, tendo em vista a multiplicidade de terminações que os substantivos contêm no caso nominativo, bem como suas peculiaridades no que tange a seus agrupamentos pelo critério de números de consoantes finais constituintes de seus temas.

No Capítulo 9, focalizamos a questão referente à variabilidade e à invariabilidade de algumas das categorias gramaticais tratadas na obra no que se refere a suas flexões em caso, gênero e número, estabelecendo as devidas relações entre estas e seus pares correspondentes em língua portuguesa.

Encerramos os estudos contidos nesta obra propondo, no Capítulo 10, uma reflexão sobre a trajetória linguístico-evolutiva desde o latim até o português: suas variações, sua formação, seu desenvolvimento e seus processos de modificações vocabulares ao longo do tempo. Sinalizamos, ainda, os mecanismos linguísticos e como eles funcionam nas transformações de uma língua, a fim de dar conta de alterações estruturais, capazes de sustentar as formas linguísticas utilizadas contemporaneamente.

Com o objetivo de auxiliar na resolução de algumas dúvidas que poderão surgir durante este estudo, apresentamos, nesta obra, um vocabulário de palavras latinas com as respectivas traduções.

É evidente que os estudos que apresentamos nesta obra não dão conta de todos os conhecimentos necessários sobre a origem e o processo evolutivo da língua portuguesa. Isso significa que é imprescindível que você realize muitas outras leituras e estudos sobre o tema, a fim de que possa complementar ou aprofundar o desencadeamento aqui proposto.

Santa Inês Pavinato Caetano

(1)

Origem, evolução, alfabeto e prosódia da língua latina

Angelo Renan Acosta Caputo é graduado em Letras pela Fundação Universidade de Bagé, especialista em Métodos e Técnicas: Língua Portuguesa e Língua Estrangeira Moderna pela Universidade do Vale do Rio dos Sinos (Unisinos) e doutor em Filologia da Língua Espanhola Moderna e Latina pela Universitat de les Illes Balears (UIB).

Clóvis Jair Prunzel é graduado em Teologia pelo Seminário Concórdia e em Letras pela Faculdade Porto-Alegrense (Fapa), especialista em Tecnologias e Educação a Distância pelo Centro Universitário Barão de Mauá, mestre em Teologia pelo Seminário Concórdia e doutor em Teologia pelo Concordia Theological Seminary. Escreveu vários livros e artigos na área, com enfoque na teologia e no uso da linguagem retórica no século XVI. Atua como professor no Seminário Concórdia e na Universidade Luterana do Brasil (Ulbra).

Angelo Renan Acosta Caputo
Clóvis Jair Prunzel

Num primeiro momento, você pode até achar estranho estudar uma língua aparentemente morta. Afinal, ninguém mais fala latim no dia a dia. Entretanto, pensar dessa forma é incorreto, visto que a língua latina continua existindo em suas variações modernas.

Neste capítulo, apresentaremos a você como o latim surgiu e como influenciou as línguas de nossos dias. Vamos também ajudá-lo a desenvolver habilidades e adquirir competências para ler textos no latim original com a utilização do alfabeto e da pronúncia do chamado *latim clássico*.

(1.1) Origem e evolução da língua latina

Desde a instauração do Império Romano, passando pelo seu apogeu até sua decadência, este foi o maior império de toda a história da humanidade. Desde 753 a.C., data da fundação de Roma, até 476 d.C., data da queda desse império, foram 12 séculos nos quais a língua latina se consolidou e foi considerada a língua universal (Ilari, 2002).

No Mapa 1.1, você pode observar a extensão territorial do Império Romano.

Mapa 1.1 – *Mapa da formação do Império Romano*

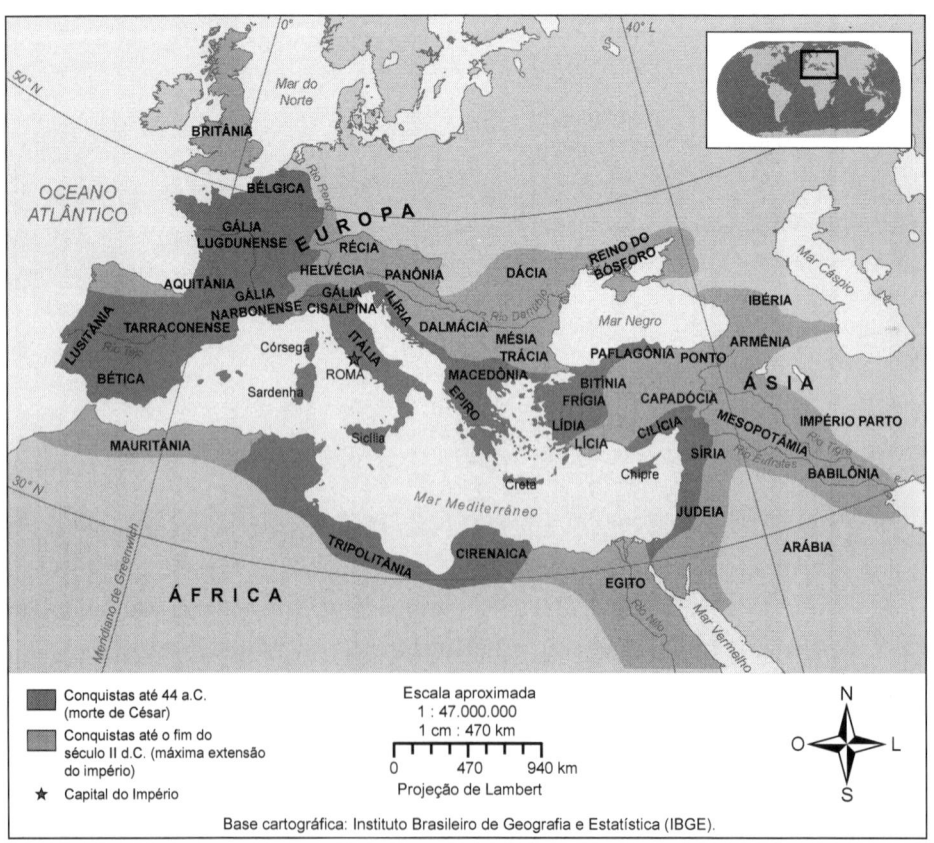

Fonte: Adaptado de Arruda, 2010, p. 11

Originalmente, a língua latina foi falada na parte central da atual Itália, em uma região chamada *Latium* (Lácio). O latim, assim como as línguas faladas na Índia, na Pérsia, na Grécia, na Gália e na Germânia, tem na origem uma língua-mãe chamada *indo-europeu*, que aproximou muito esses idiomas antigos (Ilari, 2002).

A evolução da língua passou por diversas fases, até atingir o seu ápice, no chamado LATIM CLÁSSICO – o qual, segundo Cardoso (2011, p. 11),

> *floresce a partir do segundo quartel do século I a.c., quando são compostas as grandes obras que marcaram os momentos mais importantes da prosa e da poesia latina: as obras de Cícero, Virgílio, Horácio, Tito Lívio e numerosas outras figuras de relevo. É uma língua cultivada, artística, profundamente diferente do que seria o latim falado, mesmo pelas classes sociais mais cultas. O latim clássico se preservou graças à conservação de inúmeras obras literárias e é dessa modalidade linguística que puderam ser depreendidos os fenômenos gramaticais do idioma.*

O latim clássico não era utilizado pela população não culta, que se valia do chamado LATIM VULGAR, falado pelo povo. A distância entre o primeiro e o segundo é determinante quando estudamos a origem das línguas modernas. O italiano, o francês, o espanhol e o português são frutos do latim vulgar, caracterizado pela afetividade, pelo amor ao concreto e pela expressividade (Freire, 1987).

Basicamente, o latim clássico deixou de existir no século V da Era Cristã, dando lugar ao LATIM MEDIEVAL ou ECLESIÁSTICO utilizado pela Igreja Católica. Um fato importante que marca essa mudança é a tradução do texto bíblico para o latim popular, dando origem à versão da Bíblia chamada *Vulgata*, no fim do século IV d.C. Por meio dessa iniciativa, procurou-se aproximar o latim culto do vulgar, dando condições para que o povo pudesse ler e entender obras, especialmente a Bíblia. A propósito, Santo Agostinho, que viveu na África no fim do século IV d. C. e começo do século V, afirmou: "*melius est reprehendant nos grammatici quam non intelligant populi* [antes ser repreendido pelos gramáticos do que não ser compreendido pelo povo]" (Ilari, 2002, p. 63).

Resumidamente, a língua latina propriamente dita teve a duração de oito ou nove séculos. Esse intervalo de tempo pode ser dividido em cinco períodos, conforme Ilari (2002):

- Período arcaico (da origem do latim até 250 a.C.) – destacam-se fragmentos da Lei das 12 Tábuas.
- Período de desenvolvimento (de 250 a.C. a I a.C.) – esteve sob influência da literatura grega: obras de Catão, Terêncio (o Cartaginês), Ennio, Plauto e Lucílio.
- Período clássico (do século I a.C. ao século I d.C.) – é o chamado *período de ouro*, representado pelos prosadores Cícero, César, Tito Lívio, Terêncio, Cornélio e também pelos poetas Horácio, Ovídio, Virgílio, Fedro e Catulo.
- Período de transição (segunda metade do século I d.C. até o reinado dos antoninos, em 138 d.C.) – representado pelos poetas Marcial, Lucano, Pérsio, Juvenal, Valério Flaco e por pensadores como Plínio (o Velho), Plínio (o Moço), os dois Sênecas (o orador e o filósofo), Tácito, Justino, Quintiliano.
- Período da decadência (iniciado no reinado dos antoninos, em 138 d.C.) e prolongado até a época da queda do Império Romano, em 476 d.C. – representado pelos escritores Santo Agostinho, São Jerônimo, Paulo Orósio e Símaco. Nesse período, iniciou-se a dialetação do latim, que pode ser confirmada com a obra do cartaginês Santo Agostinho.

Pela figura a seguir, podemos ter uma ideia de como o latim se desenvolveu.

Figura 1.1 – Desenvolvimento do latim arcaico

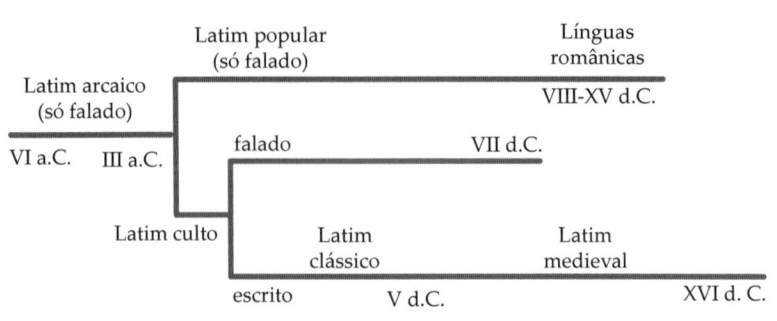

A Igreja Romana utilizou o latim até 1961, em documentos e cerimônias religiosas. Em 2007, no entanto, o Papa Bento XVI autorizou novamente a utilização dessa língua em missas.

Curiosamente, no Brasil aconteceu o mesmo. A partir da primeira Lei de Diretrizes e Bases do Brasil (LDB) – Lei n. 4.024, de 20 de dezembro de 1961 (Brasil, 1961) –, o latim se tornou secundário na educação brasileira e lentamente desapareceu dos então chamados ensinos *primário* e *secundário*. Hoje, o estudo dessa língua é restrito a poucos semestres em alguns cursos de Letras. Mas há países, como a Alemanha, onde mais de 800 mil jovens aprendem latim, o qual só perde para o inglês em termos do interesse que seu aprendizado desperta (Albrecht, 2012). Há uma razão muito específica para essa prática observada entre os alemães: o latim está na origem da maior parte das línguas europeias.

Diferentemente da Igreja, a ciência e a pesquisa continuam usando o latim científico, que perdura até os dias de hoje, especialmente na designação de termos técnicos.

(1.2) Influência do latim

A queda do Império Romano não foi motivo para que a língua latina deixasse de existir. Como vimos anteriormente, ela está na gênese de importantes línguas europeias. Destas, quatro em especial sofreram enorme influência do latim vulgar: português, espanhol, francês e italiano.

Ao longo desta obra, mostraremos o quanto o latim influenciou o português sob aspectos do léxico, da gramática e da morfologia. Devemos destacar, porém, que, embora muitos territórios tenham sido colônias de países de língua neolatina (também conhecida como *língua românica*), em vários casos, como das colônias italianas (atuais Líbia, Somália e Eritreia), o idioma em si não se implantou.

Mapa 1.2 – Línguas românicas no mundo atual

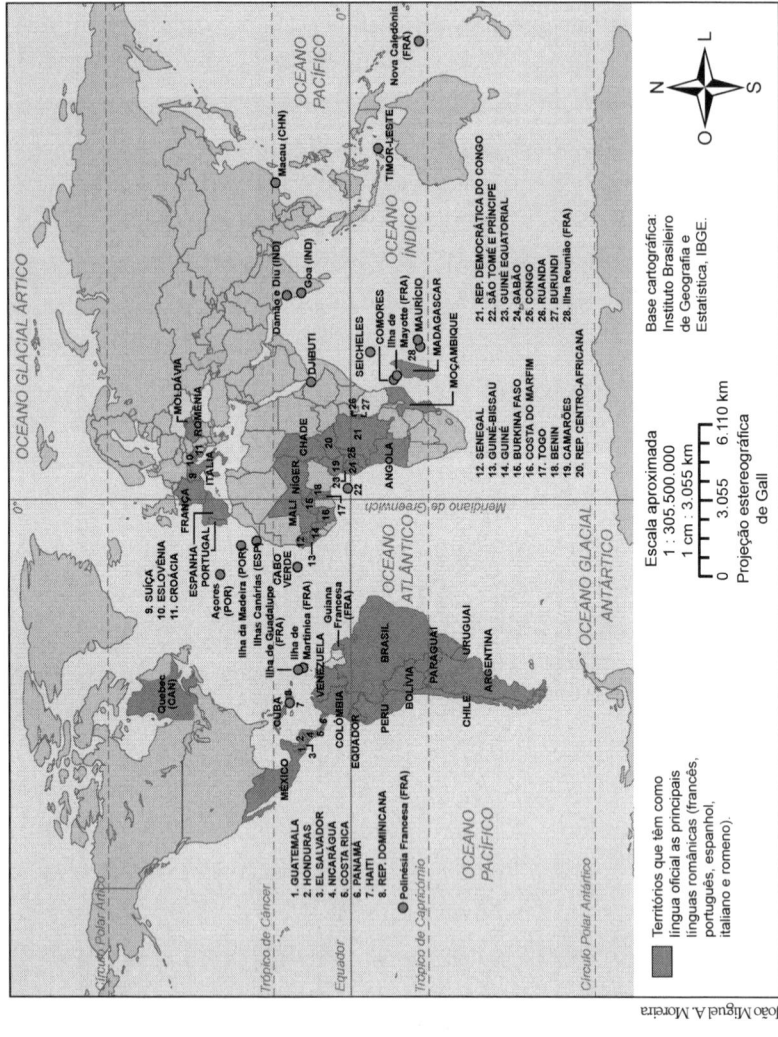

Ao analisarmos os Mapas 1.1 e 1.2, podemos observar algo interessante: a difusão do latim, especialmente para continentes distantes de onde originalmente havia sido usado. Os continentes europeu, africano e americano, hoje, são dominados por línguas que têm no latim sua base. A hegemonia territorial da Roma Antiga deslocou-se para uma hegemonia linguística distante devido às grandes navegações dos séculos XV e XVI, promovidas por Portugal e Espanha. Por isso, segundo Ilari (2002, p. 52), o latim influenciou as seguintes línguas modernas:

- PORTUGUÊS – falado hoje no Brasil, em Portugal, em alguns portos da Ásia (Macau, Timor, Goa, Península da Malásia), na Guiné-Bissau, em Angola, Moçambique, Cabo Verde, na Ilha da Madeira e em São Tomé e Príncipe.
- ESPANHOL – língua falada na Espanha, em toda a América do Sul (excetuando-se Brasil, Guiana, Suriname e Guiana Francesa) e na América Central (excetuando-se Haiti e Jamaica); é ainda uma das duas línguas dos estados bilíngues dos Estados Unidos: Flórida, Califórnia e Texas.
- FRANCÊS – falado na França, na região de Quebec (Canadá), na Louisiana, na Guiana Francesa, no Haiti, no Senegal e em Madagascar.
- ITALIANO – falado na Itália e levado em fins do século passado e início do século XX à Eritreia, à Somália e à Líbia.

Observe, no quadro a seguir, a influência do latim sobre as línguas modernas no que se refere à forma como são grafadas algumas palavras.

Quadro 1.1 – Palavras de origem latina utilizadas em línguas modernas

Latim[a]	Português	Espanhol	Francês	Italiano
novu	novo	nuevo	neuf	nuovo
porta	porta	puerta	porte	porta
populu	povo	pueblo	peuple	popolo
famosu	famoso	famoso	fameux	famoso
juvene	jovem	joven	jeune	giovane
bucca	boca	boca	bouche	bocca
musca	mosca	mosca	mouche	mosca
luna	lua	luna	lune	luna
virtus	virtude	virtud	vertu	virtù

(1.3) Especificidades da língua latina

Vejamos a seguir algumas características essenciais do latim.

Alfabeto latino

Com exceção das letras de origem anglo-germânica, *k*, *y* e *w*, o alfabeto latino é idêntico ao português. Aliás, foi do latim que o português herdou seu alfabeto. Quanto à grafia, maiúsculas e minúsculas latinas também são grafadas como no português.

---

a. As palavras nesta coluna estão em latim tardio, falado na Idade Média. A grafia é divergente do latim clássico, por exemplo nas palavras novu, populu, famosu, juvene e bocca. Em latim clássico, elas são grafadas novus, populus, famosus, juvenis e os, respectivamente. O termo bucca era usado para as bochechas ou o interior da boca.

Destacamos algumas diferenças entre o latim e o português. A letra *k* é raríssima e geralmente é substituída pelo *c*; o *j* e o *v*, originalmente, não fazem parte do alfabeto; a letra *i* é usada como vogal e em lugar do *j*; já a letra *u* serve tanto para a vogal *u* como para a consoante *v*.

Fonética latina

A grafia de palavras latinas passou por diversas fases. Tradicionalmente, duas pronúncias eram usadas: uma clássica e outra eclesiástica. Neste livro, usamos a pronúncia tradicional.

As principais características da fonética clássica, provavelmente usada nos tempos de Marco Túlio Cícero (106 a.C.-43 a.C.), que se diferenciam do português são:

- os ditongos *ae* e *oe* soam exatamente como escritos;
- o *c* assume o som de *k*;
- o *g* soa como em *gu*;
- o *j* soa *i*;
- o *s* tem som de *ss*;
- o *v* soa *u*;
- o *x* soa *ks*;
- o *z* soa *dz*;
- o *h* é aspirado.

Normalmente, no latim, algumas consoantes assumem pronúncias diferentes, conforme o caso. Uma delas é usada no meio acadêmico e a outra no ambiente eclesiástico.

As variantes a seguir são referentes à pronúncia eclesiástica, oficializada pela Igreja Católica em 1861; ao que se sabe, não eram praticadas pelos romanos no período clássico do idioma.

- A letra *t* antes de *i* tem som de *s*, quando a sílaba não é tônica. Ex.: *gratia* pronuncia-se "grássia"; *locutio* pronuncia-se "locússio"; *fortiori* pronuncia-se "forsióri".
- A letra *j* tem sempre som de *i*. Ex.: *jus* pronuncia-se "iús"; *Jesus* pronuncia-se "iésus"; *jacta* pronuncia-se "iácta".

- O grupo consonantal *ch* tem som de *k*. Ex.: *machina* pronuncia-se "mákina"; *charitas* pronuncia-se "káritas"; *chorda* pronuncia-se "kórda".
- O grupo consonantal *gn* tem som de *nh*. Ex.: *ignis* pronuncia-se "ínhis"; *cognosco* pronuncia-se "conhósco"; *regnum* pronuncia-se "rénhum".
- O grupo consonantal *ph* tem som de *f*, igual ao que se verifica no português arcaico.

Acentuação latina

Com relação à acentuação latina, Almeida (2004, p. 28-29, grifos do original) sugere o seguinte:

> 42 – *A sílaba que indica onde cai o acento é a* **penúltima**. *De que forma? – Se a penúltima vogal, ou seja, se a penúltima sílaba de uma palavra latina trouxer o sinal ˘, que se assemelha a meia lua (ă, ĕ, ĭ, ŏ, ŭ), o acento deverá recuar para a vogal anterior.*
>
> *Suponhamos a palavra* agricŏla. *A penúltima sílaba é* cŏ; *em cima do "o" vemos a braquia, isto é, o sinal de vogal breve. Que indica isso? Indica que o acento deve recuar para a sílaba* gri, *ou seja, para a sílaba imediatamente anterior, pronunciando-se, então:* agrícola.
>
> 43 – *Se a penúltima sílaba, ou seja, a penúltima vogal trouxer um tracinho longo (ā, ē, ī, ō, ū), o acento deverá cair nessa mesma vogal.*

Suponhamos a palavra Penātes; *a penúltima sílaba é* nā; *em cima do "a" vemos o* mácron, *isto é, o sinal de vogal longa. Indica isso que o acento deve cair nessa sílaba, pronunciando-se, portanto:* Penátes.

A propriedade que têm as vogais de ser longas ou breves é que se chama em latim **quantidade**. *Quando pergunta ao aluno: "Qual a* **quantidade** *dessa vogal?" – o professor quer que o aluno declare se ela é breve ou longa.*

Resumindo:

Penúltima **breve**, *o acento* **recua** *(a palavra é proparoxítona).*
Penúltima **longa**, *o acento cai* **sobre** *ela (a palavra é paroxítona).*

Notas: *[...]*

3ª – Como importante norma prática, aprendamos que, em regra geral, uma vogal é breve quando seguida de outra vogal: inflŭit (ínfluit), remĕo (rêmeo), acŭo (ácuo), mulĭer (múlier), e longa quando seguida de duas consoantes: ancīlla (ancílla).

Não há, no entanto, uma regra para a acentuação latina. Normalmente, palavras de uma sílaba são acentuadas, como *tē* (lê-se "tê"). Palavras de duas sílabas têm acento na primeira, como *pāter* (lê-se "páter"). Em palavras com três ou mais sílabas, o acento tônico recai sobre a penúltima, se for longa; se for breve, o acento recua até a antepenúltima, como é o caso do verbo "inuēnit" (lê-se "invénit"), "encontrou", e *inuĕnit* (lê-se "ínvenit"), "encontra".

Síntese

Neste capítulo, apresentamos as origens da língua latina, um pouco de sua história e influência sobre as línguas modernas e os principais aspectos de sua fonética.

Atividades

1. Analise as afirmações a seguir e assinale V para as verdadeiras e F para as falsas:
   ( ) A influência do latim é notada em nossos dias, especialmente nas línguas modernas português, francês, espanhol e italiano.
   ( ) O latim utilizado em missas é igual ao utilizado pelos escritores do latim clássico.
   ( ) A palavra *gratia* é pronunciada "grássia".
   ( ) A vogal *u* de *uia* tem som de *v*.
   ( ) Cícero é importante para a língua latina porque foi o primeiro a escrever em latim.

2. Analise as afirmações a seguir e assinale V para as verdadeiras e F para as falsas:
   ( ) A Igreja Católica foi importante porque ajudou a preservar o latim escrito pela elite romana.
   ( ) O século V é importante porque foi o período em que o latim assumiu um papel importante na divulgação da fé cristã.
   ( ) O português tem origem no latim vulgar, utilizado ao mesmo tempo em que o latim clássico.
   ( ) Ao observarmos os mapas da influência do latim, percebemos que ele é muito mais importante hoje do que foi no passado, considerando a quantidade de pessoas que utilizam a língua latina em suas diversas línguas nativas.
   ( ) Braquia é um acento tônico na língua latina.

3. Assinale a alternativa que contém as línguas influenciadas pelo latim:
   a) Russo, esloveno, português, espanhol.
   b) Português, alemão, espanhol, italiano.
   c) Português, espanhol, italiano, francês.
   d) Francês, inglês, alemão, russo.

4. Selecione a alternativa correspondente à correta análise fonética latina:
   I. O *c* pronuncia-se como na palavra *cedo*.
   II. O *s* tem o som de *ss*, como na palavra *passa*.
   III. O *v* soa como *u* de *Jesus*.
   IV. O *g* pronuncia-se como na palavra *general*.
   V. O ditongo *ae* soa como é escrito.

   São verdadeiras as afirmações:
   a) I, II e III.
   b) II, III e IV.
   c) III, IV e V.
   d) II, III e V.

5. Assinale a alternativa correspondente ao período do latim descrito na seguinte afirmação: "É o latim falado da segunda metade do século I até o reinado dos antoninos (138 d.C.) e representado pelos poetas Marcial, Lucano, Pérsio, Juvenal, entre outros".
   a) Período de transição.
   b) Período clássico.
   c) Período da decadência.
   d) Período arcaico.

(2)

Casos e funções sintáticas dos substantivos latinos[a]

---

a. Os Capítulos 2 a 9 contam com uma lista de abreviações, sempre após a seção "Atividades". Nos capítulos que tratam de análises sintáticas, as frases em latim apresentam primeiramente as funções sintáticas em português, seguidas pela flexão latina em que as palavras se encontram.

Angelo Renan Acosta Caputo

Neste capítulo, apresentaremos a estrutura sintática da língua latina, bem como suas semelhanças e diferenças em relação ao português, destacando os casos latinos. As habilidades e competências desenvolvidas ao longo deste capítulo ajudarão você a entender a estrutura gramatical da língua latina.

(2.1) Estrutura gramatical latina

Por ser o latim uma língua sintética, as estruturas frasais que o caracterizam apresentam peculiaridades que em muito o diferenciam da língua portuguesa. Tanto é assim que qualquer posição dos termos é aceitável na língua latina. Não há, pois, uma ordem rígida.
Observe as seguintes frases:

Português	Os agricultores do Brasil amam a terra.
Latim	*Brasiliae agricolae terram amant.*

Em português, a frase tem a seguinte sequência de termos:

Os agricultores do Brasil + *amam* + *a terra.*
↓ ↓ ↓
suj. v. comp. (ob. dir.)

Em latim, por seu turno, temos:

Brasiliae agricolae + *terram* + *amant.*
↓ ↓ ↓
suj. comp. (ob. dir.) v.

Como percebemos, a ordem das palavras no latim não é a mesma que no português. Para sabermos quem é o sujeito da frase em latim, precisamos primeiramente identificar a pessoa do verbo. Na frase em questão, o verbo é *amant*, que está na 3ª pessoa do plural e requer um sujeito no plural: *Brasiliae agricolae*. A palavra *terram* é o complemento verbal, na função de objeto direto.

Mas o que acontece com a expressão *"brasiliae agricolae"*? Qual é o sujeito e qual é o adjunto adnominal atributivo? Repare que ao final dessas duas palavras aparece o ditongo *ae*, isto é, elas têm a mesma terminação. O que isso significa?

No latim existem os chamados CASOS, que caracterizam as palavras de modo a indicar a função que elas desempenham na frase. No exemplo citado anteriormente, a palavra *agricolae* indica que ela deve ser núcleo do sujeito, pois está no caso nominativo plural, e a palavra *brasiliae* está no caso genitivo singular, funcionando, nesse caso, como adjunto adnominal atributivo.

Algumas observações sobre a frase latina:

- Não existe padrão para a estrutura de uma frase latina.
- Não há o emprego de artigos. Eles precisam ser colocados quando há traduções para o português.
- Normalmente, o verbo aparece no final da frase.
- No dicionário, o verbo sempre está na 1ª pessoa do singular do presente do indicativo.
- Para identificar a raiz da palavra, precisamos conhecer o seu genitivo.

Ampliaremos a explicação sobre a estrutura das frases latinas com o exemplo que segue:

Petrus amicum visitat.	*Amicus Petrum visitat.*
Pedro visita o amigo.	O amigo visita Pedro.

Os verbos das duas frases estão na 3ª pessoa do singular e, por isso, requerem um sujeito no singular.

Nessas frases, os sujeitos são *Petrus*, na primeira, e *amicus*, na segunda. Ambas estão no nominativo singular. Já as palavras *amicum* e *Petrum* indicam que as palavras estão no acusativo singular e que são traduzidas como objeto direto em ambas as frases.

Numa frase ou oração, temos os seguintes elementos:

- **TERMOS ESSENCIAIS** – o sujeito, o verbo e o predicativo do sujeito.
- **TERMOS INTEGRANTES** – o complemento verbal (objeto direto e/ou indireto), o complemento nominal e o agente da passiva.
- **TERMOS ACESSÓRIOS** – o adjunto adnominal, o aposto e o adjunto adverbial.
- **VOCATIVO**.

(2.2) Casos do substantivo latino

Costumamos afirmar que a grande diferença entre a língua latina e a portuguesa é que, enquanto a segunda é uma língua analítica, a primeira é uma língua sintética. Isso significa que, se no latim as palavras precisam de um codificador para sabermos sua função na frase, o mesmo não ocorre no português. A esse codificador da língua latina, como explicamos anteriormente, damos o nome de *caso*. É importante destacarmos que cada caso tem uma terminação própria. Assim, podemos relacionar as palavras e identificá-las dentro da frase/oração.

No Quadro 2.1, apresentamos as correspondências entre uma palavra substantiva no latim e as funções sintáticas no português:

Quadro 2.1 – *Casos latinos e seus correlatos no português*

CASO	FUNÇÃO SINTÁTICA NO PORTUGUÊS	RESPONDE À PERGUNTA
Nom.	suj. e pred. do suj.	Quem? Quê?
Gen.	ad. adn., comp. nom. e ad. atr.	De quem? De quê?
Dat.	ob. ind.	A quem? A quê?

(continua)

(Quadro 2.1 – conclusão)

Caso	Função sintática no português	Responde à pergunta
Ac.	ob. dir.	O quê?
Voc.	voc.	Expressões de chamamento
Ablat.	ad. adv.	Com que meio? Quando? Onde?

Caso nominativo

Em qualquer declinação, o nominativo é usado para determinar O SUJEITO OU O PREDICATIVO DO SUJEITO (este último quando usado o verbo *esse*) em qualquer sentença. O nominativo é o primeiro elemento encontrado em um dicionário, acompanhado do genitivo singular.

No caso de dicionários, temos, por exemplo:

Terra, -ae, fem.
Nauta, -ae, masc.
Servus, -i, masc.
Domina, -ae, fem.

Analisemos, agora, algumas sentenças em que o nominativo aparece como sujeito da oração.

Agricola terram arat.
 ↓
 suj.

(O agricultor ara a terra.)

> *Romanus servos habet.*
> ↓
> suj.
>
> (O romano tem escravos).

Em sentenças com o verbo *esse*, o nominativo pode ter a função de predicativo do sujeito:

> *Corsica insula est.*
> ↓
> pred. do suj.

Observe o exemplo a seguir, com nomes da segunda declinação (masculinos, em geral):

> *Petrus   medicus   est.*
> ↓   ↓
> suj. (nom.) pred. do suj. (nom.)

Leia as frases a seguir, constituídas de sujeito e verbo:

> *Petrus laborat.*
> *Lesbia cantat.*
> *Aquila volat.*
> *Femina saltat.*
> *Marcus amat.*

Em todas as sentenças, os elementos destacados constituem o nominativo.

Caso genitivo

Em português, o caso genitivo pode corresponder ao adjunto atributivo ou ao complemento nominal.

Veja um exemplo de genitivo como adjunto atributivo de posse:

> Casa <u>Lesbiae</u> pulchra est.
>   ↓
>   ad. atr. (gen.)
> (A casa de Lésbia é bonita).

A terminação *ae* indica que o substantivo *Lésbia* é o possuidor, e o substantivo *casa* a coisa possuída.

Outros exemplos:

> Servus <u>Marci</u> – o escravo de Marco
> Solea <u>Lesbiae</u> – a sandália de Lésbia
> Amicus <u>Petri</u> – o amigo de Pedro

Caso dativo

O caso dativo é o correspondente ao OBJETO INDIRETO, isto é, ao complemento de verbo transitivo indireto. Em português, esse complemento se liga ao verbo com o auxílio de preposição. Em latim, por ser uma língua sintética, no dativo, como nos demais casos, a preposição está implícita na terminação característica do caso. Veja alguns exemplos:

> Servus aquam <u>poetae</u> dat.
>   ↓
>   ob. ind. (dat.)
> (O escravo dá água ao poeta).
>
> Magistra Romam <u>puellae</u> monstrat.
>   ↓
>   ob. ind. (dat.)
> (A professora mostra Roma à menina).

> *Agricola aquam feminae dat.*
>   ↓
>   ob. ind. (dat.)
> (O agricultor dá água à mulher).

Caso acusativo

No caso acusativo, a flexão aparece quando, na sentença, existe um verbo transitivo direto, que tem como complemento o OBJETO DIRETO. Sabemos que, em português, via de regra, o objeto direto se liga ao verbo sem auxílio de preposição, mas, em algumas construções, esse complemento aparece preposicionado. O mesmo ocorre em latim. A característica desse caso é a terminação *-m* no singular. Veja:

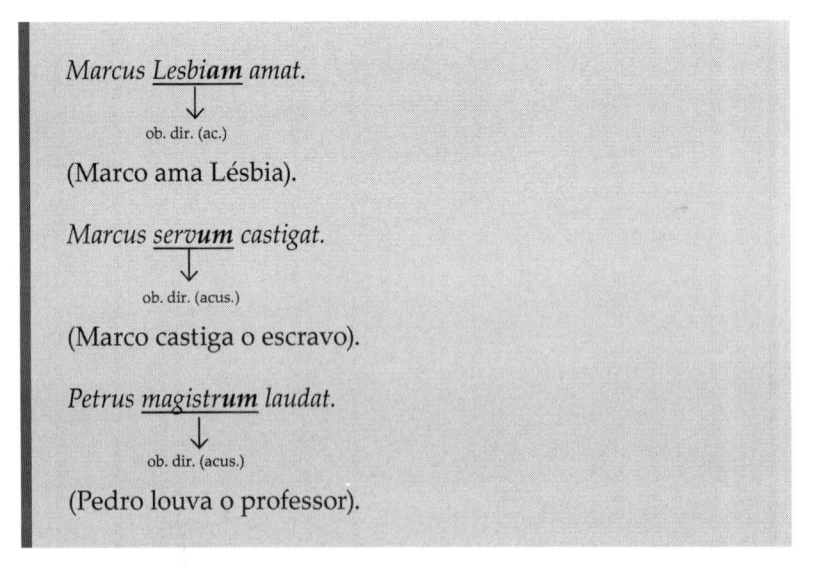

> *Marcus Lesbiam amat.*
>   ↓
>   ob. dir. (ac.)
> (Marco ama Lésbia).
>
> *Marcus servum castigat.*
>   ↓
>   ob. dir. (acus.)
> (Marco castiga o escravo).
>
> *Petrus magistrum laudat.*
>   ↓
>   ob. dir. (acus.)
> (Pedro louva o professor).

Caso vocativo

A função exercida pelo vocativo em latim é a mesma do que no português, ou seja, trata-se de uma EXPRESSÃO DE CHAMAMENTO. Normalmente, aparece separado por vírgula.

> *Puer, aquĭla volat.*
> ↓
> voc.
>
> (Ó menino, a águia voa).
>
> *Luce, magistra vocat.*
> ↓
> voc.
>
> (Ó Lúcio, a professora chama).
>
> *Domina, dominus terram conservat.*
> ↓
> voc.
>
> (Ó senhora, o senhor defende a terra).

Caso ablativo

O caso ablativo corresponde, em português, ao ADJUNTO ADVERBIAL, isto é, em sua flexão expressa as mais diversas circunstâncias, como tempo, lugar, meio etc. Apresenta ainda as ideias de separação, movimento, forma, maneira, instrumentalização. Na maioria das sentenças, esse caso aparece regido de preposição. Veja:

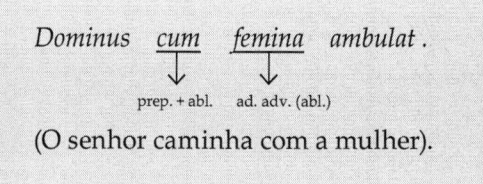

> *Dominus cum femina ambulat.*
>   ↓   ↓
>   prep.+abl. ad. adv. (abl.)
>
> (O senhor caminha com a mulher).

(2.3) Declinações do latim

Declinação é o nome que se dá para o conjunto de casos. Quando declinamos um nome, nós o flexionamos nos seis casos correspondentes da língua latina, considerando o singular e o plural. Depois disso, determinamos as funções sintáticas que esse nome desempenha dentro da frase. Podemos, em latim, declinar os substantivos, os pronomes e os adjetivos, respeitando as peculiaridades de cada categoria gramatical.

Na língua latina, existem CINCO DECLINAÇÕES. Para identificarmos a que declinação a palavra pertence, precisamos verificar a desinência do GENITIVO SINGULAR. É o que podemos ver no quadro a seguir.

Quadro 2.2 – *Terminações do genitivo singular nas cinco declinações latinas*

DECLINAÇÃO	TERMINAÇÃO DO GENITIVO SINGULAR	EXEMPLO
Primeira	-ae	rosa → rosae – rosa
Segunda	-i	dominus → domini – senhor
Terceira	-is	rex → regis – rei
Quarta	-us	genus → genus – joelho
Quinta	-ei	res → rei – coisa

(2.4) Gênero e número dos substantivos latinos

Além de estarmos atentos aos casos ou funções relacionais do substantivo, precisamos prestar atenção ao gênero e ao número dessa classe gramatical.

Em latim, o gênero do substantivo pode ser masculino, feminino ou neutro. Cardoso (2011, p. 28) assim descreve o gênero latino:

São geralmente masculinos os substantivos que designam os seres do sexo masculino e ofícios masculinos. Mas também pertencem a esse gênero os nomes de rios, de ventos, de mares. [...]

São femininos os substantivos que designam seres femininos e também [...] os nomes de árvores, de cidades e de ilhas. [...]

O emprego do neutro não é lógico, em latim. Alguns seres sexuados são designados por palavras neutras, como scortum *(prostituta) ou* mancipium *(escravo). Os seres assexuados são designados indiferentemente por palavras masculinas, femininas ou neutras.*

Para identificar a palavra, precisamos primeiramente "descobrir" sua raiz para depois classificá-la quanto ao gênero, ao número e à declinação. No dicionário, as palavras sempre aparecem na forma nominativa, seguida pela genitiva, por exemplo: *vir, viri* – homem.

Para saber o GÊNERO do substantivo latino, a melhor solução é consultarmos o dicionário. Quanto ao NÚMERO, os substantivos podem estar flexionados no singular ou no plural, como no português. Há palavras que só podem ser usadas no plural, como *nuptiae* (núpcias), e outras cujo sentido muda de acordo com o uso: *littera*, no singular, significa *letra*, e *litterae*, no plural, significa *carta*.

Segundo Berge et al. (2001), em latim, não se conhece artigo para designar o gênero. Os autores esclarecem ainda que, nos substantivos como *poeta, filius, filia, ancilla* etc., que designam pessoa, o gênero da palavra corresponde ao gênero da pessoa por ela expresso (o gênero gramatical corresponde ao gênero natural).

Informam ainda Berge et al. (2001) que os nomes de rios são masculinos e os nomes de árvores são femininos. Talvez a explicação para isso seja que os povos antigos acreditavam serem os rios animados por deuses do sexo masculino e as árvores, por divindades femininas.

Podemos encontrar palavras dos gêneros masculino e feminino em todas as declinações. Em algumas, não há ocorrência do neutro. Em outras, o masculino e o feminino têm a mesma declinação, e em outras, ainda, o neutro tem declinação exclusiva.

Síntese

Deste capítulo, fica a lição de que, para melhor entendermos a origem do português, precisamos praticar o latim. Há, muitas semelhanças entre essas línguas, assim como muitos aspectos diferenciais.

Atividades

1. Relacione as frases da primeira coluna de acordo com sua tradução, na segunda coluna:

    A. *Magistra laudat discipulam.* ( ) As criadas preparam o jantar.
    B. *Discipulae attentae sunt.*
    C. *Discipula attenta est.* ( ) A aluna é atenta.
    D. *Ancillae parant cenam.* ( ) As alunas são atentas.
    ( ) A mestre louva a aluna.

2. Selecione a alternativa que corresponde à correta relação entre caso e função sintática no português:

    I. Nominativo ( ) Objeto direto
    II. Genitivo ( ) Objeto indireto
    III. Dativo ( ) Vocativo
    IV. Acusativo ( ) Adjunto atributivo
    V. Vocativo ( ) Adjunto adverbial
    VI. Ablativo ( ) Sujeito

    a) I, II, IV, V, III, VI.
    b) II, III, IV, VI, V, I.
    c) IV, III, V, II, VI, I.
    d) I, II, III, IV, V, VI.

3. Em qual caso se encontra a palavra destacada na frase a seguir?

    | *Casa Silviae pulchra est.*

a) Nominativo.
b) Genitivo.
c) Dativo.
d) Acusativo.

4. Selecione a alternativa em que a palavra destacada está no mesmo caso da palavra destacada na frase a seguir.

> Puellae <u>magistram</u> amant.

a) Dominae <u>rosas</u> adorant.
b) Magistra <u>bona</u> est.
c) Discipula <u>in cena</u> est.
d) Lesbiae <u>fabulae</u> delectant.

5. Assinale a alternativa que apresenta somente palavras femininas:

a) *Rosa, schola, nauta, turba, rabula.*
b) *Sagitta, victoria, stella, spina, magistra.*
c) *Corona, agricola, potentia, ira, poeta.*
d) *Nauta, rabula, scurra, planeta, rosa.*

Lista de abreviações

abl.	ablativo	masc.	masculino
ac.	acusativo	nom.	nominativo
ad. adn.	adjunto adnominal	ob. dir.	objeto direto
ad. adv.	adjunto adverbial	ob. ind.	objeto indireto
ad. atr.	adjunto atributivo	pred. do suj.	predicativo do sujeito
comp.	complemento	prep.	preposição
comp. nom.	complemento nominal	prep. abl.	preposição ablativa
conj.	conjunção	suj.	sujeito
dat.	dativo	v.	verbo
fem.	feminino	voc.	vocativo
gen.	genitivo		

(3)

Casos e funções sintáticas da primeira declinação e verbos da primeira conjugação no indicativo ativo

Angelo Renan Acosta Caputo

Descreveremos inicialmente a primeira declinação e suas relações de casos e funções. Na segunda parte do capítulo, introduziremos a flexão dos verbos de primeira conjugação.

As habilidades e as competências desenvolvidas ao longo deste capítulo o auxiliarão a ler e construir uma frase completa, com o emprego de palavras da primeira declinação.

(3.1) Casos e funções sintáticas da primeira declinação

Nos capítulos anteriores, estudamos a origem, a fonética e as estruturas gramaticais e sintáticas da língua latina.

Agora, deter-nos-emos no estudo da primeira declinação dos nomes latinos. Apresentaremos suas flexões em caso e gênero e demonstraremos como eles funcionam na estrutura da sentença.

De forma particular, pertencem à primeira declinação os nomes que fazem o NOMINATIVO SINGULAR em -*a* e o GENITIVO SINGULAR em -*ae*.

Verifiquemos como se constitui o paradigma dessa declinação. Ele nos é muito útil, porque, com base nele, podemos flexionar qualquer nome que pertença à primeira declinação. Vejamos um exemplo:

columba, columbae (fem.) – pomba

Quadro 3.1 – Paradigma para os nomes de primeira declinação

CASO	SING.	PLUR.
Nom.	*columb-a*	*columb-ae*
Gen.	*columb-ae*	*columb-arum*
Dat.	*columb-ae*	*columb-is*
Ac.	*columb-am*	*columb-as*
Voc.	*columb-a*	*columb-ae*
Abl.	*columb-a*	*columb-is*

Seguindo esse paradigma, declinam-se os seguintes nomes femininos:

ala – asa	*patria* – pátria
ancilla – criada	*pluvia* – chuva
aquĭla – águia	*poena* – castigo
ara – altar	*potentia* – poder
avaritia – avareza	*praeda* – presa
columba – pomba	*procella* – tempestade
corona – coroa	*prudentia* – prudência
cura – cuidado	*puella* – menina
epistola – carta	*pugna* – combate
fama – fama	*rosa* – rosa
gloria – glória	*sagitta* – seta
historia – história	*schola* – escola
ianua – porta	*silva* – mato, floresta
insula – ilha	*spina* – espinho
ira – ira	*stĕlla* – estrela
iustitia – justiça	*superbia* – soberba
magistra – professora	*turba* – turba
mensa – mesa	*victoria* – vitória
natura – natureza	*viola* – violeta

São poucos os nomes masculinos declinados pelo mesmo paradigma:

agricola – agricultor	*pirata* – pirata
auriga – cocheiro	*planeta* – planeta
bibliopola – livreiro	*poeta* – poeta
collega – colega	*rabula* – rábula
cometa – cometa	*scriba* – escrivão
incola – morador	*scurra* – bobo
nauta – marinheiro	*transfuga* – desertor
perfuga – fugitivo	

Também são masculinos alguns nomes de homens, árvores, rios e animais em geral.

Aparecem como SUBSTANTIVOS NEUTROS de primeira declinação, conforme Valente (1945), os seguintes nomes:

> *Pascha* – a Páscoa
> *manna* – maná

Você deve ter observado que alguns casos apresentam terminações idênticas. Mas não precisa se preocupar: quando você analisar os termos da sentença, perceberá que ela mesma indica o caso no qual se encontra a palavra.

O importante é você descobrir o radical da palavra e a ele acrescentar a terminação do caso que deseja flexionar.

Vamos praticar esse conceito em um pequeno texto, considerando os casos nominativo e genitivo.

> *Puellae cantant. Silvia serva est. Cornelia amica Silviae est. Amica Silviae cantat. Columba volat. Columba Corneliae pulchra est.*

Analisando apenas os nomes de cada frase, temos:

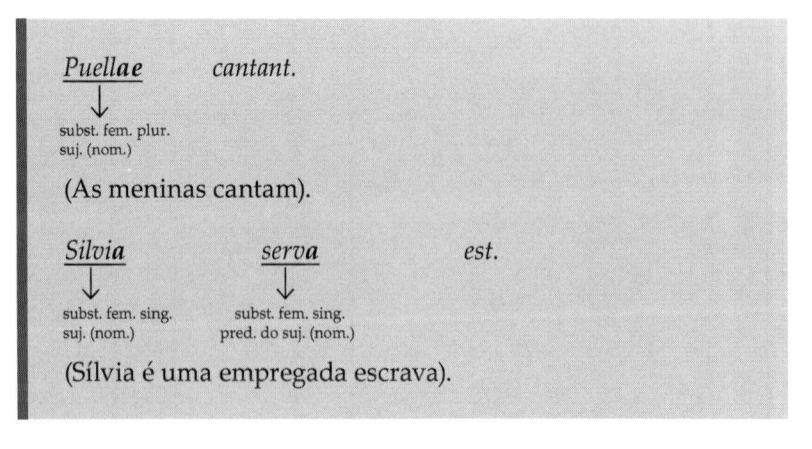

<u>Puell*ae*</u>   cantant.
↓
subst. fem. plur.
suj. (nom.)

(As meninas cantam).

<u>*Silvia*</u>   <u>*serva*</u>   est.
↓   ↓
subst. fem. sing.   subst. fem. sing.
suj. (nom.)   pred. do suj. (nom.)

(Sílvia é uma empregada escrava).

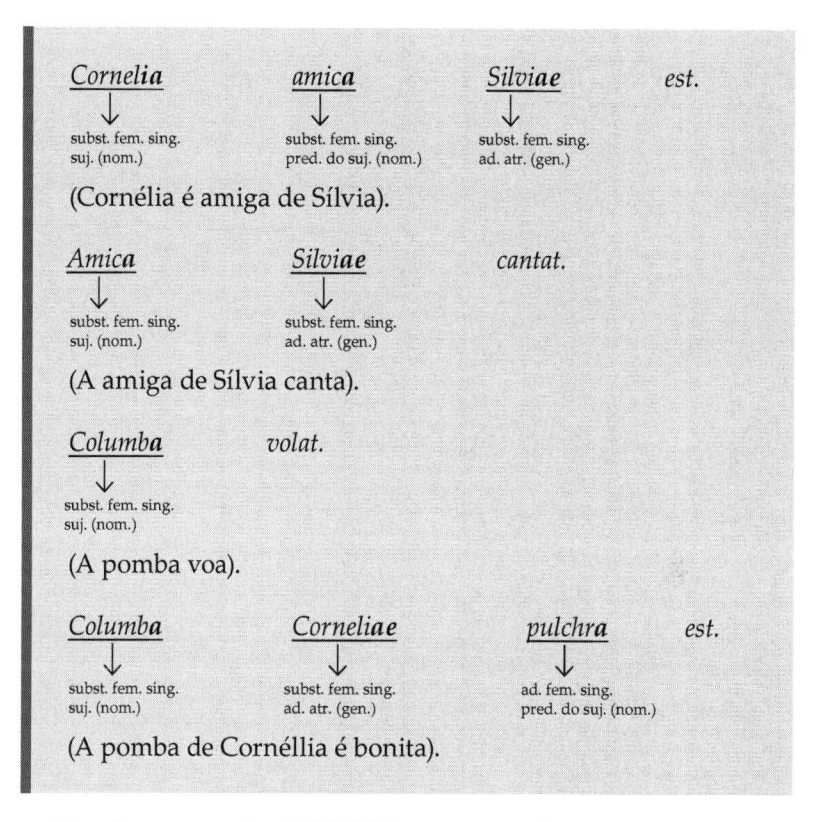

Cornelia   *amica*   *Silviae*   est.
↓   ↓   ↓
subst. fem. sing. subst. fem. sing. subst. fem. sing.
suj. (nom.)   pred. do suj. (nom.) ad. atr. (gen.)

(Cornélia é amiga de Sílvia).

Amica   *Silviae*   cantat.
↓   ↓
subst. fem. sing. subst. fem. sing.
suj. (nom.)   ad. atr. (gen.)

(A amiga de Sílvia canta).

Columba   volat.
↓
subst. fem. sing.
suj. (nom.)

(A pomba voa).

Columba   *Corneliae*   *pulchra*   est.
↓   ↓   ↓
subst. fem. sing. subst. fem. sing. ad. fem. sing.
suj. (nom.)   ad. atr. (gen.) pred. do suj. (nom.)

(A pomba de Cornéllia é bonita).

Percebeu como não é difícil? Basta que você contextualize as palavras e, com base em sua análise, conclua a que caso cada uma pertence e a que função sintática se refere.

Dando continuidade ao estudo da primeira declinação, vamos ampliar o conteúdo. Somemos aos dois casos estudados o dativo e o acusativo. Observe que algumas palavras podem estar flexionadas no singular ou no plural.

Lucia amicas habet. Amicae Luciam amant. Lucia rosas amicis dat. Amicae rident. Amicae magistram amant. Magistra sententias poetarum discipulis cantat.

Analisemos novamente os nomes contidos nas frases do texto:

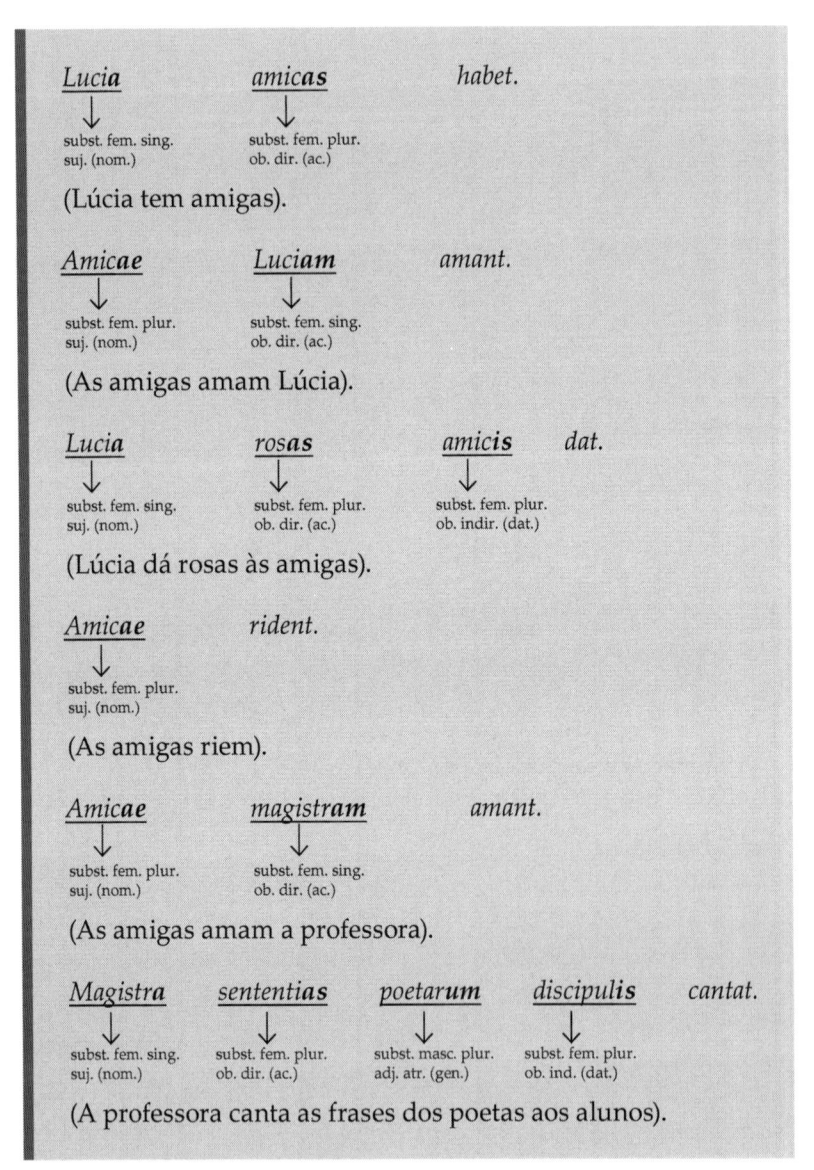

Lucia   *amicas*   habet.
↓   ↓
subst. fem. sing.   subst. fem. plur.
suj. (nom.)   ob. dir. (ac.)

(Lúcia tem amigas).

Amicae   *Luciam*   amant.
↓   ↓
subst. fem. plur.   subst. fem. sing.
suj. (nom.)   ob. dir. (ac.)

(As amigas amam Lúcia).

Lucia   *rosas*   *amicis*   dat.
↓   ↓   ↓
subst. fem. sing.   subst. fem. plur.   subst. fem. plur.
suj. (nom.)   ob. dir. (ac.)   ob. indir. (dat.)

(Lúcia dá rosas às amigas).

Amicae   rident.
↓
subst. fem. plur.
suj. (nom.)

(As amigas riem).

Amicae   *magistram*   amant.
↓   ↓
subst. fem. plur.   subst. fem. sing.
suj. (nom.)   ob. dir. (ac.)

(As amigas amam a professora).

Magistra   *sententias*   *poetarum*   *discipulis*   cantat.
↓   ↓   ↓   ↓
subst. fem. sing.   subst. fem. plur.   subst. masc. plur.   subst. fem. plur.
suj. (nom.)   ob. dir. (ac.)   adj. atr. (gen.)   ob. ind. (dat.)

(A professora canta as frases dos poetas aos alunos).

Viu como é fácil? É só praticar e deixar fluir! Vamos, agora, adicionar ao que já sabemos os dois últimos casos: o vocativo e o ablativo. Para isso, vejamos outro texto:

Nautae in insula habitant. Insula patria nautarum est. Nautae reginam habet. Nautae salutant: Regina, fama magistra est.

Verifiquemos:

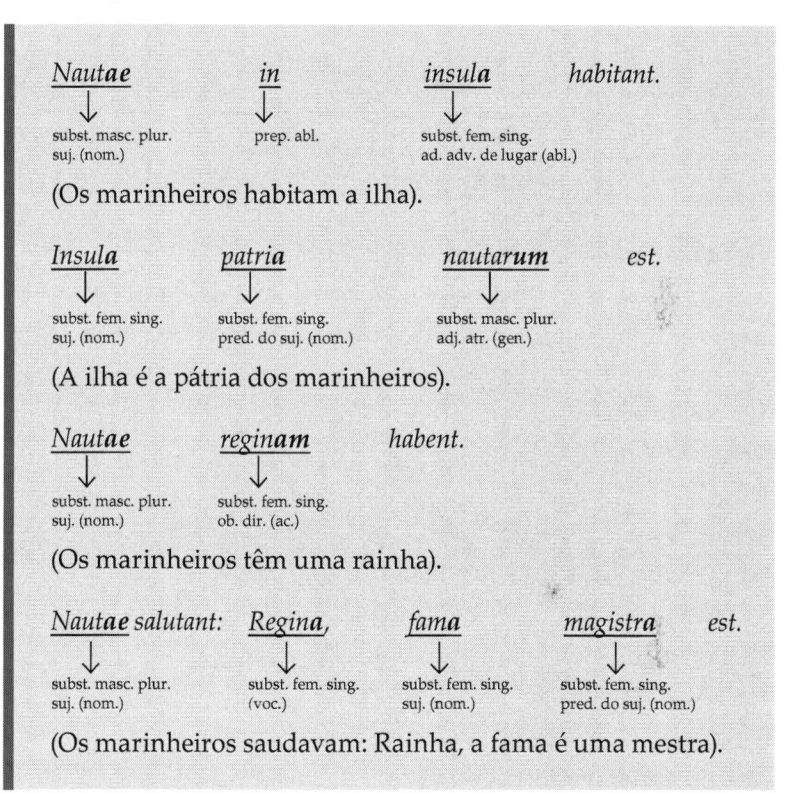

<u>Nautae</u>	<u>in</u>	<u>insula</u>	habitant.
↓	↓	↓	
subst. masc. plur. suj. (nom.)	prep. abl.	subst. fem. sing. ad. adv. de lugar (abl.)	

(Os marinheiros habitam a ilha).

<u>Insula</u>	<u>patria</u>	<u>nautarum</u>	est.
↓	↓	↓	
subst. fem. sing. suj. (nom.)	subst. fem. sing. pred. do suj. (nom.)	subst. masc. plur. adj. atr. (gen.)	

(A ilha é a pátria dos marinheiros).

<u>Nautae</u>	<u>reginam</u>	habent.
↓	↓	
subst. masc. plur. suj. (nom.)	subst. fem. sing. ob. dir. (ac.)	

(Os marinheiros têm uma rainha).

<u>Nautae</u> salutant:	<u>Regina</u>,	<u>fama</u>	<u>magistra</u>	est.
↓	↓	↓	↓	
subst. masc. plur. suj. (nom.)	subst. fem. sing. (voc.)	subst. fem. sing. suj. (nom.)	subst. fem. sing. pred. do suj. (nom.)	

(Os marinheiros saudavam: Rainha, a fama é uma mestra).

Esperamos que você tenha percebido os detalhes da primeira declinação da língua latina. Acreditamos que seu conhecimento de língua portuguesa também será ampliado, pois as duas línguas se relacionam intimamente em todos os seus aspectos estruturais.

(3.2) Sistema verbal latino

O português incorporou a estrutura verbal latina quase na sua totalidade. Como afirmamos anteriormente, o verbo é a parte principal da frase. É ele que determina sujeito e ação. Portanto, entendê-lo é fundamental para aprender o latim.

A língua latina tem DOIS TEMAS VERBAIS (correspondentes à noção atual de aspecto verbal): um descreve uma ação ainda não concluída, chamado *infectum*, e o outro descreve uma ação concluída, o *perfectum*. Apresentam características do *infectum* o presente, o imperfeito e o futuro anterior. Já o *perfectum* é característico do perfeito, do mais-que-perfeito e do futuro imperfeito.

A maior parte dos verbos está na VOZ ATIVA; alguns estão na VOZ PASSIVA. Os verbos na voz ativa exprimem a ação praticada pelo sujeito, enquanto os verbos na voz passiva exprimem a ação recebida pelo sujeito.

Assim como em português, são três as PESSOAS existentes no latim: primeira, segunda e terceira. Quanto ao NÚMERO, há o singular e o plural.

Já os MODOS são três: indicativo, subjuntivo e imperativo. Neste livro, estudaremos somente o modo indicativo.

O verbo latino é identificado no dicionário pela PRIMEIRA PESSOA DO SINGULAR DO PRESENTE DO INDICATIVO ATIVO.

Para identificar o verbo latino, precisamos conhecer quatro formas principais: a primeira pessoa do singular do presente do indicativo ativo (é a primeira forma do dicionário), o infinitivo presente ativo, a primeira pessoa do singular do perfeito do indicativo ativo e o particípio perfeito passivo. Vejamos o exemplo a seguir:

video (primeira pessoa do presente do indicativo ativo) – eu vejo
videre (infinitivo presente ativo) – ver
vidi (primeira pessoa do singular do perfeito do indicativo ativo) – eu vi
visus (particípio perfeito passivo) – tendo sido visto

Há quatro CONJUGAÇÕES no latim, identificadas pela vogal na penúltima sílaba do verbo no infinitivo presente ativo. No verbo do exemplo anterior, a forma do infinitivo presente ativo é *vidēre*; esse verbo pertence à segunda conjugação por apresentar a sílaba tônica no primeiro *e*.

Vejamos as quatro conjugações:

- PRIMEIRA CONJUGAÇÃO com tema em *a*, como no verbo *laudare* (louvar).
- SEGUNDA CONJUGAÇÃO com tema em *e*, como no verbo *monēre*[a] (lembrar).
- TERCEIRA CONJUGAÇÃO com tema em *e*, como no verbo *ducĕre* (conduzir).
- QUARTA CONJUGAÇÃO com tema em *i*, como no verbo *audire* (ouvir).

Para identificar o verbo, com exceção dos defectivos, é necessário descobrir sua raiz (também chamada de *radical*). Por exemplo: no verbo *laudare*, a raiz é *laud-*. Após a raiz, acrescenta-se a desinência correspondente à pessoa: o verbo *laudo* é identificado como primeira pessoa do singular do presente do indicativo ativo.

Primeira conjugação no indicativo ativo

Os verbos da primeira conjugação são aqueles terminados em *-are*, como *laudare*. Neste tópico, apresentaremos os verbos da primeira conjugação no modo indicativo ativo – lembrando que estamos conjugando verbos regulares. Quanto aos pronomes pessoais, trataremos deles mais adiante. Por enquanto, é suficiente citá-los para auxiliar na identificação das pessoas verbais.

---

a. Perceba que a segunda conjugação tem a vogal do tema longa (*ē*), enquanto a terceira tem a vogal breve (*ĕ*).

É importante observarmos que os verbos, em latim, na maioria dos tempos, apresentam os morfemas modo-temporais semelhantes aos identificados nos verbos da língua portuguesa.

Comparemos esses elementos nas duas línguas.

Quadro 3.2 – *Paradigma do presente do indicativo**

T	P	R	VT	DMT	DNP	TR
Presente	Ego	cant	–	–	o	cant-o
	Tu	cant	a	–	s	cant-a-s
	–	cant	a	–	t	cant-a
	Nos	cant	a	–	mus	cant-a-mos
	Vos	cant	a	–	tis	cant-a-is
	–	cant	a	–	nt	cant-a-m

* T – tempo; P – pessoa; R – raiz; VT – vogal temática; DMT – desinência modo-temporal; DNP – desinência número-pessoal; TR – tradução.

Apliquemos esse paradigma a algumas frases:

Ego canto. (eu canto)
Tu cantas. (tu cantas)
Puella cantat. (a menina canta)
Nos cantamus. (nós cantamos)
Vos cantatis. (vós cantais)
Puellae cantant. (as meninas cantam)

Dando continuidade ao nosso estudo sobre verbos, vejamos a flexão em outro tempo verbal pela leitura do quadro a seguir.

Quadro 3.3 – Paradigma do imperfeito

T	P	R	VT	DMT	DNP	TR
Imperfeito	Ego	cant	a	ba	m	cant-a-va
	Tu	cant	a	ba	s	cant-a-va-s
	–	cant	a	ba	t	cant-a-va
	Nos	cant	a	ba	mus	cant-á-va-mos
	Vos	cant	a	ba	tis	cant-á-ve-is
	–	cant	a	ba	nt	cant-a-va-m

Agora, flexionemos os verbos contidos nas frases a seguir, que estão no presente, para o imperfeito.

> Presente: *Magistra educat et discipulae saltant. Poetae recitant et puellae cantat. Ego canto et tu laboras. Marcus navigat.*
>
> (A professora educa e as alunas saltam. Os poetas recitam e as meninas cantam. Eu canto e tu trabalhas. Marcos navega).
>
> Imperfeito: *Magistra educabat et discipulae saltabant. Poetae recitabant et puellae cantabant. Ego cantabam et tu laborabas. Marcus navigabat.*
>
> (A professora educava e as alunas saltavam. Os poetas recitavam e as meninas cantavam. Eu cantava e tu trabalhavas. Marcus navegava).

O perfeito é flexionado como apresentado no quadro a seguir.

Quadro 3.4 – Paradigma do perfeito

T	P	R	VT	DMT	DNP	TR
Perfeito	Ego	cant	a	vi	–	cant-ei
	Tu	cant	a	vist	i	cant-a-ste
	–	cant	a	vit	–	cant-ou
	Nos	cant	a	vi	mus	cant-a-mos
	Vos	cant	a	vist	is	cant-a-ste-s
	–	cant	a	veru	nt	cant-a-ra-m

Vamos aplicar esse tempo verbal reescrevendo o texto a seguir:

Presente: *Silvana laborat. Marcia cantat. Silvana et Marcia magistram amant. Ego monstro aquilam. Nos equitamus.*
(Silvana trabalha. Márcia canta. Silvana e Márcia amam a professora. Eu mostro a águia. Nós cavalgamos).

Pretérito perfeito: *Silvana laboravit. Marcia cantavit. Silvana et Marcia magistram amaverunt. Ego monstravi aquilam. Nos equitavimus.*
(Silvana trabalhou. Márcia cantou. Silvana e Márcia amaram a professora. Eu mostrei a águia. Nós cavalgamos).

O mais-que-perfeito assume a flexão exemplificada a seguir:

Quadro 3.5 – Paradigma do mais-que-perfeito

T	P	R	VT	DMT	DNP	TR
Mais-que--perfeito	Ego	cant	a	vera	–	cant-a-ra
	Tu	cant	a	vera	s	cant-a-ra-s
	–	cant	a	vera	t	cant-a-ra
	Nos	cant	a	vera	mus	cant-á-ra-mos
	Vos	cant	a	vera	tis	cant-á-re-is
	–	cant	a	vera	nt	cant-a-ra-m

Vamos reescrever o trecho a seguir no mais-que-perfeito.

> Presente: *Christiani Deum adorant. Piratae deos falsos adorant. Deus mundum administrat. Ego adoro Christum.*
>
> (Os cristãos adoram a Deus. Os piratas adoram deuses falsos. Deus administra o universo. Eu adoro a Cristo).
>
> Mais-que-perfeito: *Christiani Deum adoraverant. Piratae deos falsos adoraverant. Deus mundum administraverat. Ego adoraveram Christum.*
>
> (Os cristãos adoraram a Deus. Os piratas adoraram deuses falsos. Deus administrara o universo. Eu adorara a Cristo).

Em latim, como em português, há dois futuros. Vejamos, nos quadros a seguir, como os verbos se apresentam nesses tempos:

Quadro 3.6 – Paradigma para o futuro do indicativo

T	P	R	VT	DMT	DNP	TR
Futuro	Ego	cant	a	bo	–	cant-a-re-i
	Tu	cant	a	bi	s	cant-a-rá-s
	–	cant	a	bi	t	cant-a-rá
	Nos	cant	a	bi	mus	cant-a-re-mos
	Vos	cant	a	bi	tis	cant-a-re-i
	–	cant	a	bu	nt	cant-a-ra-o

Apliquemos esse tempo verbal em texto:

> Presente: *Servae laudant dominam. Filiae Semproniae cantant. Nos laboramus in campo. Ego narro exemplum.*
>
> (As escravas louvam a senhora. As filhas de Sempronia cantam. Nós trabalhamos no campo. Eu narro o exemplo).
>
> Futuro do indicativo: *Servae laudabunt dominam. Filiae Semproniae cantabunt. Nos laborabimus in campo. Ego narrabo exemplum.*
>
> (As escravas louvarão a senhora. As filhas de Sempronia cantarão. Nós trabalharemos no campo. Eu narrarei o exemplo).

Quadro 3.7 – Paradigma para o futuro anterior

T	P	R	VT	DMT	DNP	TR
Futuro anterior		Ego	cant	a	ver	o	cant-a-ria
		Tu	cant	a	veri	s	cant-a-ria-s
	–	cant	a	veri	t	cant-a-ria
	Nos	cant	a	veri	mus	cant-a-ría-mos
	Vos	cant	a	veri	tis	cant-a-ríe-is
	–	cant	a	veri	nt	cant-a-ria-m

Reescrevendo o texto anterior nesse tempo, temos:

> Futuro anterior: *Servae laudaverint dominam. Filiae Semproniae cantaverint. Nos laboraverimus in campo. Ego narravero exemplum.*
>
> (As escravas terão louvado a senhora. As filhas de Sempronia terão cantado. Nós teremos trabalhado no campo. Eu terei narrado o exemplo).

Síntese

Neste capítulo, apresentamos as semelhanças entre os verbos latinos de primeira conjugação e os verbos de mesma conjugação em língua portuguesa. Esperamos que, por meio dos exemplos apresentados, você tenha percebido que não é difícil conjugá-los. Basta praticar.

Atividades

1. Assinale a alternativa que traz a classificação correta das palavras destacadas na seguinte frase:

   > Rosa in mensa feminas delectant.

   a) Sujeito, objeto indireto, adjunto atributivo.
   b) Sujeito, adjunto adverbial, objeto direto.
   c) Objeto direto, objeto indireto, adjunto atributivo.
   d) Sujeito, objeto indireto, adjunto adverbial.

2. A melhor tradução para a forma verbal *ambulabimus* é:

   a) Nós caminhamos.
   b) Nós caminharemos.
   c) Nós caminhávamos.
   d) Nós caminháramos.

3. Marque, na sequência, a alternativa que apresenta a tradução correta da frase a seguir:

   > Amicae aras dearum rosis ornabunt.

   a) As amigas ornavam com rosas os altares das deusas.
   b) As amigas ornam com rosas os altares das deusas.
   c) As amigas ornarão com rosas os altares das deusas.
   d) As amigas ornariam com rosas os altares das deusas.

4. Analise as palavras destacadas na frase a seguir e indique a alternativa que apresenta os casos corretos:

   > Magistra sententias poetarum dictat puellis.

a) Acusativo, nominativo e genitivo.
b) Nominativo, acusativo e dativo.
c) Dativo, ablativo e acusativo.
d) Acusativo, genitivo e dativo.

5. Selecione a alternativa que corresponde ao tempo verbal da frase a seguir:

> *Agricolae non laudabant deos falsos.*

a) Presente do indicativo.
b) Perfeito.
c) Imperfeito.
d) Futuro anterior.

Lista de abreviações

abl.	ablativo	ob. dir.	objeto direto
ac.	acusativo	ob. ind.	objeto indireto
ad. adv.	adjunto adverbial	plur.	plural
ad. atr.	adjunto atributivo	pred. do suj.	predicativo do sujeito
adj.	adjetivo	prep.	preposição
dat.	dativo	prep. abl.	preposição ablativa
fem.	feminino	sing.	singular
gen.	genitivo	subst.	substantivo
masc.	masculino	suj.	sujeito
nom.	nominativo	voc.	vocativo

(4)

Verbo *esse*

Angelo Renan Acosta Caputo

Neste capítulo, estudaremos o verbo *esse* (ser, estar, ficar etc.) e suas irregularidades no modo indicativo. Esse verbo, em latim, apresenta uma série de irregularidades que merecem ser tratadas individualmente. Elas se referem a sua flexão e a seus significados, como em português.

Iniciemos, a seguir, alguns exemplos em nossa língua.

> Eu <u>estou</u> feliz.
> ↓
> v. lig. (estado)
>
> Eu <u>estou</u> em casa.
> ↓
> v. loc. (intrans.)

Em latim, temos a mesma situação:

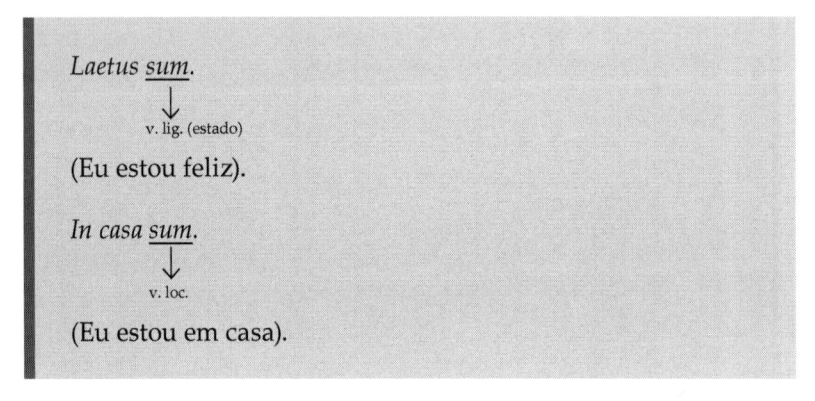

> *Laetus <u>sum</u>.*
> ↓
> v. lig. (estado)
>
> (Eu estou feliz).
>
> *In casa <u>sum</u>.*
> ↓
> v. loc.
>
> (Eu estou em casa).

Como nos exemplos dados, outras alterações de sentido se verificam com esse verbo, conforme veremos mais adiante em nosso estudo.

(4.1) Irregularidades do verbo *esse*

Vejamos, agora, como se dão as irregularidades do verbo *esse* em suas flexões.

Quadro 4.1 – Presente do indicativo

sum	eu sou
es	tu és
est	ele é
sumus	nós somos
estis	vós sois
sunt	eles são

O -u- em *sum, sumus* e *sunt* é uma vogal de ligação. Destacamos que, nesse tempo verbal, as irregularidades ocorrem apenas com o radical. Apliquemos o presente do indicativo em algumas sentenças a seguir:

> *Brasilia magna terra est.*
> (O Brasil é um grande país).
>
> *Agricolae sumus.*
> (Nós somos agricultores).
>
> *Nauta sum.*
> (Eu sou um marinheiro).

Observe que o -s-, entre vogais, muda para -r-.

Quadro 4.2 – Imperfeito do indicativo.

er-a-m	eu era
er-a-s	tu eras
er-a-t	ele era
er-a-mus	nós éramos
er-a-tis	vós éreis
er-a-nt	eles eram

Esse tempo é muito semelhante ao seu correspondente em português. Vejamos o imperfeito do indicativo aplicado em algumas sentenças:

> *Silvana discipula erat.*
> (Silvana era uma aluna).
>
> *Agricolae eramus.*
> (Nós éramos agricultores).
>
> *Nauta eram.*
> (Eu era um marinheiro).

Quadro 4.3 – *Futuro do indicativo*

er-o	eu serei
er-i-s	tu serás
er-i-t	ele será
er-i-mus	nós seremos
er-i-tis	vós sereis
er-u-nt	eles serão

Observe que, nesse tempo, o *-i-* e o *-u-* têm valor de morfema desinencial de tempo e modo. Apliquemos o futuro do indicativo em algumas frases:

> *Galba nauta erit.*
> (Galba será um marinheiro).
>
> *Discipulae laeta erunt.*
> (As alunas estarão alegres/felizes).

Os tempos que veremos a seguir têm o tema em *fu-*, e sua composição final é alterada conforme o paradigma conjugado.

Quadro 4.4 – *Perfeito*

fu-i	eu fui
fu-i-sti	tu foste
fu-i-t	ele foi
fu-i-mus	nós fomos
fu-i-stis	vós fostes
fu-e-runt	eles foram

Esse tempo também é bastante semelhante ao seu correspondente em português. Vamos aplicá-lo em algumas sentenças:

> *Silvia amica Marciae fuit.*
> (Sílvia foi amiga de Márcia).
>
> *Silvia et Marcia laetae fuerunt.*
> (Sílvia e Márcia foram felizes).

Quadro 4.5 – *Mais-que-perfeito*

fu-eram	eu fora
fu-eras	tu foras
fu-erat	ele fora
fu-eramus	nós fôramos
fu-eratis	vós fôreis
fu-erant	eles foram

Note que ao tema *fu-* se acrescentou a flexão do imperfeito. Aplicando esse tempo em frases, temos:

> *Silvia amica Marciae fuerat.*
> (Sílvia fora amiga de Márcia).
>
> *Nautae fueramus.*
> (Nós fôramos marinheiros).

O futuro anterior também se constrói de forma semelhante à dos dois últimos tempos estudados.

Quadro 4.6 – Futuro anterior

fu-ero	eu terei sido
fu-eris	tu terás sido
fu-erit	ele terá sido
fu-erimus	teremos sido
fu-eritis	tereis sido
fu-erint	terão sido

Também nesse tempo se acrescenta ao tema *fu-* a flexão do futuro do indicativo. Observemos algumas frases:

> *Agricolae fuerimus.*
> (Nós teremos sido agricultores).
>
> *Marcia magistra fuerit.*
> (Márcia terá sido uma professora).

Pratique agora o que você aprendeu, lendo algumas frases com o verbo *esse* flexionado nos tempos estudados:

> *Silvana filia Semproniae est.*
> (Silvana é filha de Semprônia).
>
> *Magistrae eramus.*
> (Nós éramos professoras).
>
> *Nautae erunt.*
> (Eles serão marinheiros).
>
> *Laeta fuisti.*
> (Tu foste feliz).
>
> *Discipuli fueramus.*
> (Nós fôramos alunos).

Quanto aos diversos significados do verbo *esse*, encontramos, em Almeida (2004, p. 232), as seguintes observações:

- SER (verbo de ligação): nesse caso, vem seguido do predicativo.

> *Deus est bonus.*
> (Deus é bom).
>
> *Ego sum quis um.*
> (Sou o que sou).

- ESTAR: nesse caso, pode ser usado como verbo de ligação ou verbo intransitivo.

> *Laetus sum.*
> (Eu estou feliz).
>
> *Si essetis nobiscum.*
> (Se estivésseis conosco).
>
> *In casa sum.*
> (Eu estou em casa).

- **Existir ou haver**: nesse caso, aparece sem predicativo e irá para o plural se o sujeito estiver no plural.

  > *Deus est.*
  > (Deus existe).
  >
  > *Est genus quoddam hominum.*
  > (Há certa espécie de homens).

- **Morar**

  > *Esse in his locis.*
  > (Morar nesses lugares).

- **Ser próprio de, ser dever de, ser de**: constrói-se com o genitivo.

  > *Est boni judicis.*
  > (É dever de um bom juiz).
  >
  > *Non est sapientis.*
  > (Não é próprio de um sábio).

- **Ser para, servir de, trazer, causar**: constrói-se com dativo, chamado *dativo de interesse*.

  > *Esse detrimento nostrum.*
  > (Ser para o nosso prejuízo).
  >
  > *Fuit bono.*
  > (Serviu para o bem).

- FICAR, ESTAR SITUADO: constrói-se com ablativo.

> ...qui est inter Sequanos et Helvetios... (Cesar, 2017)
> (...que está situado entre os Sequanos e os Helvécios...)

Síntese

Mostramos, neste capítulo, que o uso do verbo *esse* é fundamental no latim, por estar sempre presente nas sentenças simples ou compostas ou, ainda, como verbo auxiliar. Cabe a você, portanto, memorizá-lo e praticá-lo o quanto puder.

Atividades

1. Assinale a única alternativa que apresenta o verbo *esse* flexionado no perfeito do indicativo:
   a) *Agricolae in silva erant.*
   b) *Discipulae filiae Galbae sunt.*
   c) *Puella in horto fuit.*
   d) *Magistra laeta fuerit.*

2. Selecione a alternativa que traz a classificação correta dos tempos verbais das seguintes frases:
   I. *Iesus Filius Dei est.*
   II. *Silvana regina Brasiliae erit.*
   III. *Marcus filius Galba fuerat.*
   IV. *Marcia magistra erat.*
   a) Presente, imperfeito, futuro, mais-que-perfeito.
   b) Presente, futuro, mais-que-perfeito, imperfeito.
   c) Imperfeito, futuro, presente, futuro anterior.
   d) Mais-que-perfeito, presente, imperfeito, perfeito.

3. As formas flexionadas *fuimus, erimus* e *eramus* estão, respectivamente, nos seguintes tempos verbais:
   a) Presente do indicativo, futuro do indicativo, pretérito do indicativo.
   b) Presente do indicativo, mais-que-perfeito, imperfeito.
   c) Perfeito, futuro, imperfeito.
   d) Futuro do indicativo, presente, imperfeito.

4. Assinale a alternativa que traduz corretamente a frase a seguir:

   > *Columba in natura erat.*

   a) A natureza está com a pomba.
   b) A pomba está na natureza.
   c) A pomba estará na natureza.
   d) A pomba estava na natureza.

5. Transcreva no futuro do indicativo a seguinte frase:

   > *Rosa regina naturae est.*

Lista de abreviações

abl.	ablativo	fgen.	genitivo
ac.	acusativo	masc.	masculino
ad. adn.	adjunto adnominal	nom.	nominativo
ad. adv.	adjunto adverbial	ob. dir.	objeto direto
ad. atr.	adjunto atributivo	ob. ind.	objeto indireto
ap.	aposto	pred. do suj.	predicativo do sujeito
comp.	complemento	prep.	preposição
comp. nom.	complemento nominal	prep. abl.	preposição ablativa
conj.	conjunção	suj.	sujeito
dat.	dativo	v.	verbo
fem.	feminino	voc.	vocativo

(**5**)

Casos e funções sintáticas
da segunda declinação

Angelo Renan Acosta Caputo

<u>N</u>este capítulo, estudaremos a segunda declinação dos substantivos e suas irregularidades quanto a suas terminações no nominativo singular.

A segunda declinação dos substantivos em latim é constituída, na maioria das vezes, por nomes relacionados ao sexo masculino.

Como vimos no estudo dos casos, o que categoriza uma palavra quanto à sua declinação é a terminação do genitivo. Os nomes da segunda declinação fazem o genitivo em -*i*.

Nessa declinação, encontramos nomes masculinos terminados no nominativo em *-us, -er* e *-ir*. Os neutros fazem o nominativo singular em *-um*. Os nomes femininos, geralmente, têm a terminação *-us* no nominativo singular.

Comecemos nosso estudo da segunda declinação pelos nomes que fazem o nominativo singular em *-us*.

Quadro 5.1 – Paradigma da segunda declinação: substantivos com nominativo em -us

Caso	Sing.	Plur.
Nom.	lud-us	lud-i
Gen.	lud-i	lud-orum
Dat.	lud-o	lud-is
Ac.	lud-um	lud-os
Voc.	lud-e	lud-i
Abl.	lud-o	lud-is

Conforme esse paradigma, declinam-se os seguintes substantivos MASCULINOS:

angelus, angeli – o anjo
asinus, asini – o asno, o burro
cibus, cibi – o alimento
discipulus, discipuli – o aluno
equus, equi – o cavalo
gladius, gladii – a espada

hortus, horti – o jardim
morbus, morbi – a doença
oculus, oculii – o olho
populus, populi – o povo
servus, servi – o escravo

De acordo com o mesmo paradigma, declinam-se também os seguintes substantivos FEMININOS, entre outros:

> *alvus, alvi* – o ventre
> *dialectus, dialecti* – o dialeto
> *humus, humi* – a terra
> *methodus, methodi* – o método
> *paragraphus, paragraphi* – o parágrafo
> *vannus, vanni* – a ciranda

Também nesse paradigma temos a declinação dos seguintes NOMES DE ÁRVORES, entre outros:

> *cerasus, cerasi* – a cerejeira   *malus, mali* – a macieira
> *fagus, fagi* – a faia   *pirus, piri* – a pereira
> *ficus, fici* – a figueira   *platanus, platani* – o plátano

Os NEUTROS *pelagus* (o oceano), *vírus* (o veneno) e *vulgus* (o povo) igualmente seguem esse paradigma.

Consultando a gramática latina de Valente (1945), encontramos as seguintes observações quanto a algumas irregularidades com os nomes masculinos terminados em -*us*:

> Os substantivos *filius* (filho) e *genius* (gênio) têm o vocativo em -*i*: *fili, geni*.
>
> As palavras *Deus* (Deus), *agnus* (cordeiro) e *chorus* (coro) têm o vocativo igual ao nominativo.
>
> Os nomes próprios em -*ius* com *i* longo têm o vocativo em -*ie*: *Darius*: Dario – *Darie*; *Arius*: Ario – *Arie*.
>
> Os nomes próprios em -*ius* com *i* breve contraem-se no vocativo *ie* em *i*: *Vergilius*: Virgílio – *Vergili*; *Antonius*: Antônio – *Antoni*.
>
> Os nomes próprios em -*aius* e -*eius* contraem-se também no vocativo *ie* em *i*: *Pompeius*: Pompeu – *Pompei*.

> Os substantivos terminados em -*ius*, -*ium* (neutro) contraem-se, muitas vezes, em *i* (longo) ou *ii* do genitivo: *filii, fili; imperii, imperi*.
>
> Declinação de *Deus*:
>
> Singular: nom. *Deus*, gen. *Dei*, dat. *Deo*, ac. *Deum*, voc. *Deus*, abl. *Deo*.
>
> Plural: nom. *di* dii, dei, gen. *deorum* (*deum*), dat. *dis* (*diis, deis*), ac. *deos*, voc. *di* (*dii, dei*), abl. *dis* (*diis, deis*).

FONTE: VALENTE, 1945, P. 14-16.

Analisemos algumas frases nas quais os termos estão declinados no nominativo e no genitivo:

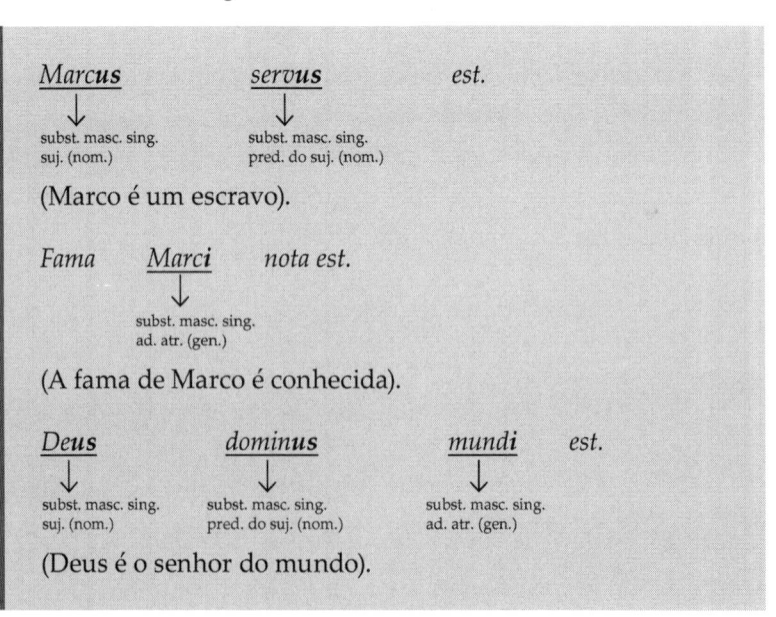

> *Marcus*   *servus*   est.
>   ↓   ↓
> subst. masc. sing. subst. masc. sing.
> suj. (nom.)   pred. do suj. (nom.)
>
> (Marco é um escravo).
>
> *Fama*   *Marci*   nota est.
>   ↓
>   subst. masc. sing.
>   ad. atr. (gen.)
>
> (A fama de Marco é conhecida).
>
> *Deus*   *dominus*   *mundi*   est.
>   ↓   ↓   ↓
> subst. masc. sing. subst. masc. sing. subst. masc. sing.
> suj. (nom.)   pred. do suj. (nom.) ad. atr. (gen.)
>
> (Deus é o senhor do mundo).

Passemos, agora, para algumas frases em que estão declinados substantivos nos casos DATIVO e ACUSATIVO:

Silvana <u>porcis</u> *et* <u>asinis</u> <u>virum</u> *dat.*
         ↓   ↓   ↓
   subst. masc. plur. subst. masc. plur. subst. sing.
   ob. ind. (dat.)   ob. ind. (dat.)   ob. dir. (ac.)

(Silvana dá veneno aos porcos e burrinhos).

<u>Romani</u>   <u>servis</u>   *imperant.*
↓   ↓
subst. masc. plur.   subst. masc. plur.
suj. (nom.)   ob. ind. (dat.)

(Os romanos imperavam sobre os escravos).

De igual importância é analisar algumas frases com o vocativo e com o ablativo flexionados:

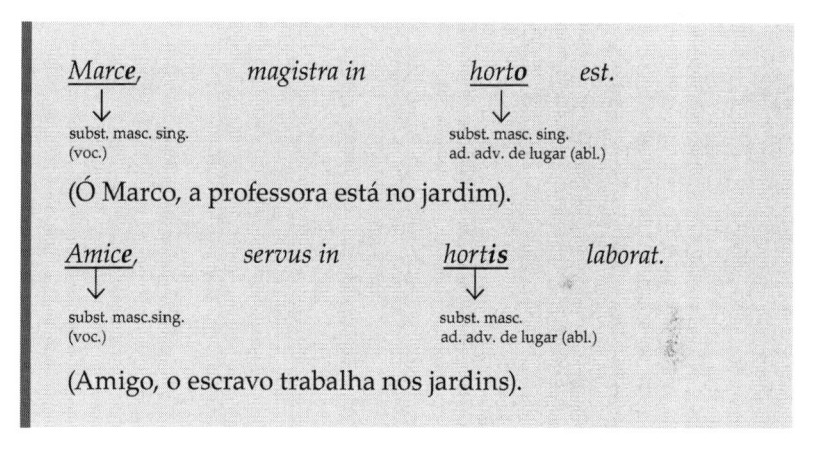

<u>Marce,</u>   *magistra in*   <u>horto</u>   *est.*
↓   ↓
subst. masc. sing.   subst. masc. sing.
(voc.)   ad. adv. de lugar (abl.)

(Ó Marco, a professora está no jardim).

<u>Amice,</u>   *servus in*   <u>hortis</u>   *laborat.*
↓   ↓
subst. masc.sing.   subst. masc.
(voc.)   ad. adv. de lugar (abl.)

(Amigo, o escravo trabalha nos jardins).

Há também nomes de segunda declinação que terminam em *-er*. Ao declinar esses nomes, devemos ter um cuidado especial, pois alguns deles perdem o *e* durante sua flexão; outros, no entanto, conservam essa vogal em toda a declinação.

Vejamos, primeiramente, os nomes terminados em *-er* que conservam o *-e-*, como mostra o quadro a seguir.

Quadro 5.2 – *Paradigma de segunda declinação: substantivos com nominativo em -er que conservam o -e*

Caso	Sing.	Plur.
Nom.	soc-*er*	socer-*i*
Gen.	socer-*i*	socer-*orum*
Dat.	socer-*o*	socer-*is*
Ac.	socer-*um*	socer-*os*
Voc.	soc-*er*	socer-*i*
Abl.	socer-*o*	socer-*is*

Se você observar com atenção, perceberá que os únicos casos que não seguem a declinação dos terminados em *-us* são o nominativo e o vocativo singulares.

Ainda conforme esse paradigma, podem ser declinados os seguintes substantivos:

puer, pueri – o menino *signifer, signifi* – o porta-bandeira
gener, generi – o genro

Os terminados em *-er* que perdem o *e* têm características semelhantes às dos que não perdem essa vogal temática. Vejamos o quadro a seguir.

Quadro 5.3 – *Paradigma de segunda declinação: substantivos com nominativo em -er que perdem o -e-*

Caso	Sing.	Plur.
Nom.	magist-*er*	magistr-*i*
Gen.	magistr-*i*	magistr-*orum*
Dat.	magistr-*o*	magistr-*is*
Ac.	magistr-*um*	magistr-*os*

(continua)

(Quadro 5.3 – conclusão)

Caso	Sing.	Plur.
Voc.	magist-_er_	magistr-_i_
Abl.	magistr-_o_	magistr-_is_

Nesse quadro, podemos visualizar que apenas o nominativo e o vocativo singulares conservam a terminação -*er*. Nos demais casos, além de perderem a vogal *e*, conservam as mesmas terminações dos substantivos masculinos em -*us*.

Com base nesse paradigma, podemos declinar os seguintes substantivos, entre outros:

aeger, aegri – o enfermo
ager, agri – o campo
aper, apri – o javali
arbiter, arbitri – o árbitro

liber, libri – o livro
coluber, colubri – a serpente
culter, cultri – a faca
minister, ministri – o ministro

Vejamos alguns desses substantivos declinados aplicados em frases:

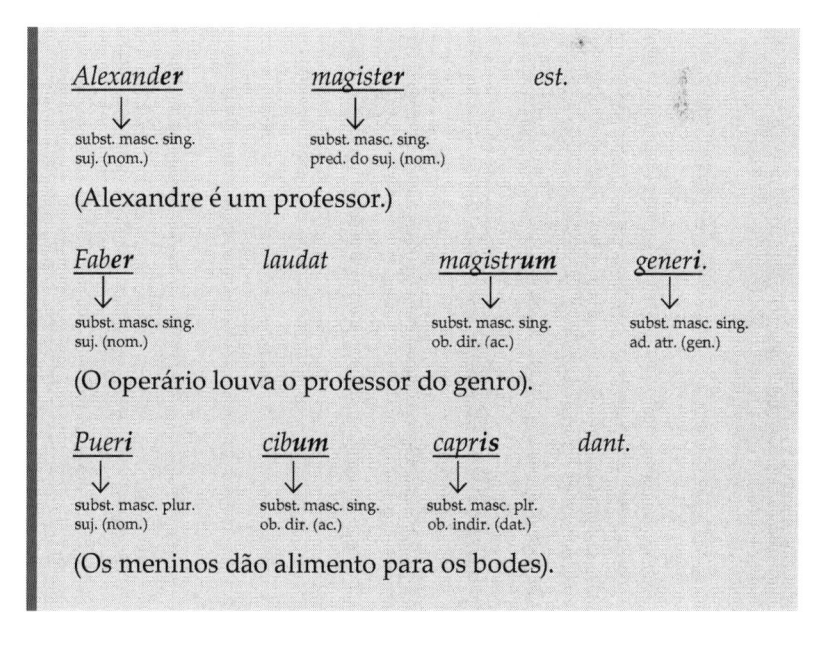

Alexander *magister* *est.*
↓   ↓
subst. masc. sing.   subst. masc. sing.
suj. (nom.)   pred. do suj. (nom.)

(Alexandre é um professor.)

Faber   laudat   *magistrum*   *generi.*
↓   ↓   ↓
subst. masc. sing.   subst. masc. sing.   subst. masc. sing.
suj. (nom.)   ob. dir. (ac.)   ad. atr. (gen.)

(O operário louva o professor do genro).

Pueri   *cibum*   *capris*   dant.
↓   ↓   ↓
subst. masc. plur.   subst. masc. sing.   subst. masc. plr.
suj. (nom.)   ob. dir. (ac.)   ob. indir. (dat.)

(Os meninos dão alimento para os bodes).

Um último paradigma para os masculinos da segunda declinação que merece estudo detalhado é relativo ao único substantivo terminado em *-ir*: *vir* (o homem).

Quadro 5.4 – Paradigma de segunda declinação: substantivos com nominativo em -ir

Caso	Sing.	Plur.
Nom.	*vir*	*vir-i*
Gen.	*vir-i*	*vir-orum*
Dat.	*vir-o*	*vir-is*
Ac.	*vir-um*	*vir-os*
Voc.	*vir*	*vir-i*
Abl.	*vir-o*	*vir-is*

Observe a análise da frase a seguir:

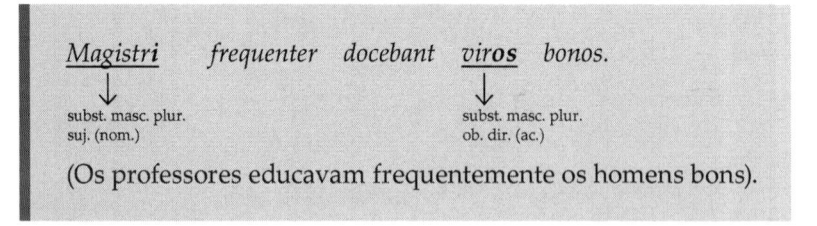

Magistri frequenter docebant *viros* bonos.
↓ ↓
subst. masc. plur. subst. masc. plur.
suj. (nom.) ob. dir. (ac.)

(Os professores educavam frequentemente os homens bons).

Também esse substantivo mantém, com exceção do nominativo e do vocativo singulares, as mesmas terminações, nos demais casos, dos substantivos terminados em *-us*.

Para encerrar este capítulo, vejamos agora o paradigma para os substantivos NEUTROS, ou seja, os que fazem o nominativo singular em *-um*.

Quadro 5.5 – Paradigma de segunda declinação: substantivos com nominativo em -um

Caso	Sing.	Plur.
Nom.	bell-um	bell-a
Gen.	bell-i	bell-orum
Dat.	bell-o	bell-is
Ac.	bell-um	bell-a
Voc.	bell-um	bell-a
Abl.	bell-o	bell-is

São visíveis as diferenças entre os substantivos neutros e os demais estudados até aqui. Podemos estabelecer identidade entre as terminações do nominativo, do acusativo e do vocativo singular (-*um*); igualmente semelhantes são o dativo e o ablativo singular (-*o*). No plural, esses mesmos casos apresentam igualdade: nominativo, acusativo e vocativo (-*a*); dativo e ablativo (-*is*). Recomendamos memorização e muito estudo dessa declinação, dadas as diferenças apresentadas e as especificidades de cada terminação dos substantivos.

Façamos a análise das frases a seguir, considerando nosso estudo realizado sobre a segunda declinação:

Marcus   *puerorum*   *exemplum* est.
↓   ↓   ↓
subst. masc. sing. subst. masc. plur.   subst. n. sing.
suj. (nom.)   ad. atr. (gen.)   pred. do suj. (nom.)

(Marco é o exemplo dos meninos).

In *via Appia*   magnum   *aedificium*   ardet.
        ↓   ↓
subst. fem. sing.   subst. n. sing.
ad. adv. de lugar (abl.). suj. (nom.)

(Um grande edifício arde (queima) na via Ápia).

Síntese

Neste capítulo, apresentamos a segunda declinação dos substantivos e suas irregularidades quanto a suas terminações no nominativo singular. Na segunda declinação, a maioria das palavras são nomes relacionados ao sexo masculino.

Atividades

1. As palavras *servi, asinos* e *bacullis,* na frase a seguir, estão flexionadas, respectivamente, em quais casos?

   > *In via servi asinos bacullis incitabant.*

   a) Genitivo, dativo, vocativo.
   b) Vocativo, ablativo, dativo.
   c) Nominativo, acusativo, ablativo.
   d) Genitivo, acusativo, ablativo.

2. Selecione a alternativa correspondente às declinações das palavras sublinhadas na frase a seguir:

   > *Magister librum et ferulam habet.*

   a) Primeira declinação, segunda declinação, segunda declinação.
   b) Segunda declinação, segunda declinação, primeira declinação.
   c) Primeira declinação, primeira declinação, segunda declinação.
   d) Nenhuma das alternativas anteriores está correta.

3. Assinale a alternativa que nomeia os casos correspondentes às palavras *ventorum, donum, terrae* e *membro*, respectivamente:
   a) Nominativo, genitivo, acusativo, nominativo.
   b) Dativo, dativo, vocativo, genitivo.
   c) Genitivo, ablativo, ablativo, vocativo.
   d) Ablativo, nominativo, dativo, ablativo.

4. Selecione a alternativa que apresenta a tradução correta da frase a seguir:

   > *Vinicius de viris claris recitabat.*

   a) Vinício falava em voz alta sobre os homens afamados.
   b) Vinício fala em voz alta sobre a fama dos homens.
   c) Os homens altos recitam sobre a fama de Vinício.
   d) Os homens altos e Vinício recitam sobre a fama.

5. Assinale a alternativa que classifica corretamente os gêneros dos substantivos *pictura, Titus, librum* e *periculum* respectivamente:
   a) Neutro, masculino, masculino, feminino.
   b) Feminino, neutro, masculino, masculino.
   c) Feminino, masculino, masculino, neutro.
   d) Masculino, masculino, feminino, neutro.

Lista de abreviações

abl.	ablativo	ob. dir.	objeto direto
ac.	acusativo	ob. ind.	objeto indireto
ad. adv.	adjunto adverbial	plur.	plural
ad. atr.	adjunto atributivo	pred. do suj.	predicativo do sujeito
dat.	dativo	prep.	preposição
fem.	feminino	prep. abl.	preposição ablativa
gen.	genitivo	sing.	singular
masc.	masculino	subst.	substantivo
n.	neutro	suj.	sujeito
nom.	nominativo	voc.	vocativo

(6)

Verbos da segunda conjugação
do indicativo ativo

Angelo Renan Acosta Caputo

Neste capítulo apresentaremos as flexões dos verbos da segunda conjugação. Enfatizamos suas irregularidades e semelhanças com os verbos da primeira conjugação, vistos no Capítulo 3.

(6.1) Tempos verbais

Como vimos, à segunda conjugação pertencem os verbos com tema em *e*. Enquanto os verbos da primeira conjugação fazem o infinitivo em -*are*, os verbos da segunda conjugação fazem esse tempo em -*ere*. O que nos chama a atenção nos verbos dessa conjugação é que, na primeira pessoa do singular do presente do indicativo, aparece sempre a terminação -*eo*. Também devemos estar atentos para não acentuar o -*e* nessa terminação, quando o verbo é constituído de mais de duas sílabas. Assim, por exemplo, as formas *habeo, impleo* e *deleo* devem ser lidas como palavras proparoxítonas.

O que distingue os verbos de segunda conjugação dos de primeira é a troca da vogal temática de -*a* por -*e*.

Passemos à flexão da segunda conjugação no modo indicativo ativo, tomando como exemplo o verbo *timere* (temer), cujas formas nominais são *timeo, times, timere, timui*.

Quadro 6.1 – *Paradigma do presente do indicativo**

T	P	R	VT	DMT	DNP	TR
Presente	Ego	tim	e	–	o	tem-o
	Tu	tim	e	–	s	tem-e-s
	–	tim	e	–	t	tem-e
	Nos	tim	e	–	mus	tem-e-mos
	Vos	tim	e	–	tis	tem-e-is
	–	tim	e	–	nt	tem-e-m

* T – tempo; P – pessoa; R – raiz; VT – vogal temática; DMT – desinência modo-temporal; DNP – desinência número-pessoal; TR – tradução.

Alguns verbos que seguem esse paradigma, entre outros:

noceo, noces, nocere, nocui, nocitum – prejudicar
moneo, mones, monere, monui, monitum – avisar
debeo, debes, debere, debui – dever
studeo, studes, studere, studui – estudar

Vejamos a flexão desse tempo em algumas frases:

Agricolae duos equos habent.
(Os agricultores têm dois cavalos.)

Servus aquam asello praebet.
(O escravo oferece água para o burrinho.)

Librum et ferulam habemus.
(Nós temos o livro e a palmatória.)

Vejamos outro tempo da segunda conjugação, conforme o quadro a seguir.

Quadro 6.2 – *Paradigma do imperfeito*

T	P	R	VT	DMT	DNP	TR
	Ego	tim	e	ba	m	tem-ia
	Tu	tim	e	ba	s	tem-ia-s
	–	tim	e	ba	t	tem-ia
Imperfeito	Nos	tim	e	ba	mus	tem-ía-mos
	Vos	tim	e	ba	tis	tem-íe-is
	–	tim	e	ba	nt	tem-ia-m

Para praticarmos o imperfeito, vamos reescrever o texto a seguir, cujos verbos estão no presente:

> Presente: *Magister ferulam habet. Discipuli ferulam non timent. Studamus historiam Brasiliae.*
>
> (O professor tem uma palmatória. Os alunos não temem a palmatória. Estudamos a história do Brasil).
>
> Imperfeito: *Magister ferulam habebat. Discipuli ferulam non timebant. Studebamus historiam brasiliae.*
>
> (O professor tinha uma palmatória. Os alunos não temiam a palmatória. Estudávamos a história do Brasil).

Vejamos a flexão do perfeito, conforme o quadro a seguir.

Quadro 6.3 – Paradigma do perfeito

T	P	R	VT	DMT	DNP	TR
Perfeito	Ego	tim	u	i	–	tem-i
	Tu	tim	u	i	sti	tem-e-ste
	–	tim	u	i	t	tem-e-u
	Nos	tim	u	i	mus	tem-e-mos
	Vos	tim	u	i	stis	tem-e-stes
	–	tim	u	e	runt	tem-e-ra-m

Alguns verbos da segunda conjugação que fazem o perfeito em *ui*, entre outros:

> *moneo, monui, monitum, monere* – advertir
> *calceo, calui, calere* – estar quente
> *doleo, dolui, dolere* – sentir dor
> *habeo, habui, habitum, habere* – ter

liceo, licui, licere – estar à venda
mereo, merui, meritum, merere – merecer
pareo, parui, parere – aparecer
valeo, valui, valere – estar com saúde, valer

Façamos a flexão destas frases, encontradas em Rónai (2000, p. 52), no presente do indicativo:

Presente: *Morbus filii matrem valde movet. Pater medicum vocat. Medicus aegro remedium adhibet et dicit:*
(A doença do filho comove muito a mãe. O pai chama o médico. O médico aplica o remédio ao doente e diz:).

Perfeito: *Morbus filii matrem valde movuit. Pater medicum vocavit. Medicus aegro remedium adhibuit et dicuit:*
(A doença do filho comoveu muito a mãe. O pai chamou o médico. O médico aplicou o remédio ao doente e disse:).

Flexionando as frases trabalhadas anteriormente, temos:

Magister ferulam habuit. Discipuli ferulam non timuit. Studuimus historiam Brasiliae.
(O professor teve uma palmatória. Os alunos não temeram a palmatória. Nós estudamos a história do Brasil).

Vejamos outro tempo verbal da segunda conjugação, conforme o quadro apresentado a seguir:

Quadro 6.4 – Paradigma do mais-que-perfeito

T	P	R	VT	DMT	DNP	TR
Mais-que--perfeito	Ego	tim	u	era	m	tem-e-ra
	Tu	tim	u	era	s	tem-era-s
	–	tim	u	era	t	tem-e-ra
	Nos	tim	u	era	mus	tem-ê-ra-mos
	Vos	tim	u	era	tis	tem-ê-re-is
	–	tim	u	era	nt	tem-e-ra-m

Vejamos algumas frases com os verbos flexionados nesse tempo:

Magister ferulam habuerat. Studeramus historiam Brasiliae. Librum et ferulam haberamus. Videratis columbas.

(A professora tivera uma palmatória. Estudáramos a história do Brasil. Tivéramos o livro e a palmatória. Veríeis as pombas).

A flexão do futuro apresenta-se como exposto no quadro apresentado a seguir.

Quadro 6.5 – Paradigma do futuro

T	P	R	VT	DMT	DNP	TR
Futuro	Ego	tim	e	b	o	tem-e-re-i
	Tu	tim	e	bi	s	tem-e-rá-s
	–	tim	e	bi	t	tem-e-rá
	Nos	tim	e	bi	mus	tem-e-re-mos
	Vos	tim	e	bi	tis	tem-e-re-is
	–	tim	e	bu	nt	tem-e-rã-o

A primeira pessoa do singular e a terceira pessoa do plural sofreram harmonização vocálica em relação às demais pessoas. O -i- presente nas demais pessoas sofreu uma elisão (ou seja, apagamento) por motivos fonológicos. Passemos à flexão de algumas frases:

> *Hostium adventum non timebo. Ciceronis libri valde placebunt. Romani clarorum vitam virorum studebunt. Lesbia duos equus habebit.*
>
> (Não temerei a vinda dos inimigos. Os livros de Cícero agradarão muito. Os romanos estudarão a vida dos homens ilustres. Lésbia terá dois cavalos).

Para concluir nosso estudo sobre a segunda conjugação ativa, vejamos o futuro anterior do verbo que está nos servindo como paradigma, conforme apresentado no quadro a seguir.

Quadro 6.6 – Paradigma do futuro anterior

T	P	R	VT	DMT	DNP	TR
Futuro anterior	Ego	tim	u	er	o	terei temido
	Tu	tim	u	eri	s	terás temido
	–	tim	u	eri	t	terá temido
	Nos	tim	u	eri	mus	teremos temido
	Vos	tim	u	eri	tis	tereis temido
	–	tim	u	eri	nt	terão temido

Reescrevendo as frases do tempo anterior nesse tempo, temos:

> *Hostium adventum nom timuero. Ciceronis libri valde placebuerint. Romani clarorum vitam virorum studuerint. Lesbia duos equuos habuerit.*
>
> (Não terei temido a vinda dos inimigos. Os livros de Cícero terão agradado muito. Os romanos terão estudado a vida dos homens ilustres. Lésbia terá tido dois cavalos).

Os verbos que seguem esse paradigma da segunda conjugação podem ser apresentados nos seguintes exemplos:

> *noceo, noces, nocere, nocui, nocitum* – prejudicar
> *debeo, debes, debere, debui* – dever
> *studeo, studes, studere, studui* – estudar
> *doceo, doces, docere, docui, docitum* – ensinar
> *exerceo, exerces, exercere, exercui, exercitum* – exercitar
> (e a grande maioria dos verbos dessa conjugação).

No entanto, há um pequeno grupo de verbos que segue a conjugação de *deleo, delevi, deletum, delere* (destruir). A diferença entre estes e aqueles reside na troca de *-u-* por *-v-* no perfeito, no mais-que-perfeito e no futuro anterior. Assim, temos o paradigma apresentado no quadro a seguir:

Quadro 6.7 – *Paradigma para os verbos que seguem a declinação do verbo* delere

Pret. per.	Pret. m.q.per.	Fut. ant.
delev-i	delev-eram	delev-ero
delev-isti	delev-eras	delev-eris
delev-it	delev-erat	delev-erit
delev-imus	delev-eramus	delev-erimus
delev-istis	delev-eratis	delev-eritis
delev-erunt	delev-erant	delev-erint

Verbos de segunda conjugação que seguem o paradigma de *delere* (fazem o perfeito em *vi*), entre outros:

> *compleo, complevi, completum, complere* – encher, completar
> *fleo, flevi, fletum, flere* – chorar
> *neo, nevi, netum, nere* – fiar, tecer
> *faveo, favi, fautum, favere* – favorecer

> *moveo, movi, motum, movere* – mover
> *voveo, vovi, votum, vovere* – prometer, fazer voto

Como forma de revisarmos o conteúdo tratado até aqui, oferecemos o texto a seguir e sua respectiva tradução. Nele constam o verbo *esse*, os verbos de primeira conjugação e os de segunda.

> *Ludus Romanus*
>
> In pictura est Ludus Romanus. Magister est Orbilius, vir severus. Magister librum et ferulam habet.
> In pictura sunt etiam quinque pueri: Alexander, Titus, Catullus, Marcus, Quintus.
> Magister Alexandro, puero bono, imperat:
> – Recita, Alexander, e tabella!
> Alexander de viris claris recitat. Orbilius Alexandrum laudat.
> – Marce, heri e campo venisti, esne iam paratus?
> – Paratus sum, magister, stilum iam habeo.
> – Es semper bonus, Marce, et optimus vir eris. Et vos, pueri, este et in schola semper estote optimi pueri, carissimi magistris. Quinte, ubi est stilus tuus?
> – Stilum non habeo, magister.
> – Puer pessime et piger! Quoties iam te monui!
> Et quintus vapulat...

Fonte: Valente, 1952, p. 63-64.

A seguir apresentamos uma tradução aproximada do trecho citado.

Aula romana

Na figura está a aula romana. Orbílio é o professor, homem severo. O professor tem um livro e uma palmatória.
Na figura também estão cinco meninos: Alexandre, Tito, Catulo, Marco, Quinto.
O professor ordena a Alexandre, bom menino:
– Leia da tabuinha, ó Alexandre!
Alexandre recita a respeito dos homens afamados. Orbílio aplaude (louva) Alexandre.
– Ó Marcos, vieste do campo ontem e já estás preparado?
– Estou preparado, ó professor, já tenho o estilete.
–És sempre bom, ó Marco, e serás ótimo homem. E vós, ó meninos, que estais sempre na escola também sois ótimos alunos dos caríssimos professores. Quinto, onde está teu estilete?
– Não tenho o estilete, ó professor.
– Oh, péssimo e preguiçoso menino! Quantas vezes já te adverti!
E Quinto apanha...

Síntese

Neste capítulo, apresentamos os verbos latinos de segunda conjugação e suas peculiaridades. Demonstramos que, diferentemente da primeira, essa conjugação oferece dois paradigmas a serem seguidos e que são as irregularidades que determinam a qual deles se deve obedecer.

Atividades

1. Assinale a alternativa que corresponde ao tempo verbal da frase a seguir:

   > *Discipuli magistrum parebunt.*

   a) Presente do indicativo.
   b) Perfeito.
   c) Futuro imperfeito.
   d) Mais-que-perfeito.

2. Assinale a alternativa que traduz corretamente a frase a seguir:

   > *Discipuli magistrum parebunt.*

   a) Os alunos se pareciam com o professor.
   b) Os alunos obedecerão ao professor.
   c) Os alunos obedeciam ao professor.
   d) Os alunos se parecem com o professor.

3. Selecione a alternativa que classifica corretamente as formas verbais *deleveram, monueritis, flevi* e *movebat*, respectivamente:
   a) Mais-que-perfeito, futuro anterior, perfeito, imperfeito.
   b) Presente, futuro anterior, imperfeito, futuro do indicativo.
   c) Imperfeito, perfeito, mais-que-perfeito, futuro.
   d) Futuro, presente, mais-que-perfeito, imperfeito.

4. Assinale a alternativa que classifica corretamente o tempo verbal das seguintes frases:

   I. *Rosae rubrae redolent.* – presente do indicativo
   II. *Rosae rubrae redolebit.* – imperfeito
   III. *Rosae rubrae redoleverint.* – futuro anterior
   IV. *Rosae rubrae redolebunt.* – futuro do indicativo

   a) Somente a frase I está correta.
   b) Somente as frases II e III estão corretas.
   c) Somente as frases I e IV estão corretas.
   d) Somente a frase III está correta.

5. Selecione a única alternativa que apresenta somente verbos da segunda conjugação:

   a) *Cantare, laudare, delere, monere, movere.*
   b) *Vovere, videre, pavere, delere, stridere.*
   c) *Vovere, laudare, pavere, monere, volare.*
   d) *Sedere, fervere, callere, dare, monere.*

Lista de abreviações

abl.	ablativo	masc.	masculino
ac.	acusativo	nom.	nominativo
ad. adn.	adjunto adnominal	ob. dir.	objeto direto
ad. adv.	adjunto adverbial	ob. ind.	objeto indireto
ad. atr.	adjunto atributivo	pred. do suj.	predicativo do sujeito
ap.	aposto	prep.	preposição
comp.	complemento	prep. abl.	preposição ablativa
comp. nom.	complemento nominal	pret. m.q.perf.	pretérito mais-que-perfeito
conj.	conjunção	pret. perf.	pretérito perfeito
dat.	dativo	suj.	sujeito
fem.	feminino	v.	verbo
fut. ant.	futuro anterior	voc.	vocativo
gen.	genitivo		

(7)

Pronomes e adjetivos latinos

Angelo Renan Acosta Caputo

Neste capítulo, em um primeiro momento, apresentaremos o uso dos pronomes latinos, visto que essa classe de palavra tem referência direta com o substantivo e o adjetivo – como no português, o pronome equivale a um nome ou o substitui. Na sequência, abordaremos o adjetivo, que também se relaciona diretamente ao nome, quer classificando-o, quer particularizando-o.

(7.1) Pronomes latinos

Os pronomes em latim recebem a mesma classificação a eles atribuída na língua portuguesa. Desempenham, da mesma forma, as mais variadas funções sintáticas, conforme a posição ocupada em relação ao verbo e ao substantivo referente. Eles podem ser sujeito, complemento de nome, objeto direto ou indireto.

Os PRONOMES PESSOAIS latinos, como os do português, classificam-se em RETOS e OBLÍQUOS. Os primeiros são usados, sempre, com a função sintática de sujeito da oração. Os segundos exercem a função de complementos verbais (objeto direto e objeto indireto). Como os pronomes pessoais retos desempenham a função de sujeito da frase, eles existem, exclusivamente, no nominativo.

Vejamos os pronomes pessoais retos, apresentados no quadro a seguir.

Quadro 7.1 – *Pronomes pessoais do caso reto*

P.	SING.	PLUR.
1ª	*Ego*	*Nos*
2ª	*Tu*	*Vos*
3ª	–	–

Atente para as seguintes notas:

- A terceira pessoa, tanto do singular quanto do plural, não existe em latim. Em seu lugar, usa-se o nome da pessoa ou o nome do objeto ou coisa referida.
- *Tu* e *vos*, particularmente, são flexionados no caso vocativo, embora possam ser flexionados no nominativo.

Temos as seguintes possibilidades de construções frasais para os pronomes pessoais retos:

> *Magister ego sum.*
> (Eu sou um professor).
>
> *Discipulus tu es.*
> (Tu és um aluno).
>
> *Marcus servus est.*
> (Marco é um escravo).
>
> *Deum nos laudamus.*
> (Nós louvamos a Deus).

Em frases latinas, em geral, não se usam pronomes pessoais como sujeitos de oração. Estes são identificados pela flexão verbal. Os exemplos são apenas ilustrativos.

Quanto aos PRONOMES PESSOAIS OBLÍQUOS, que têm função completiva verbal, como objeto direto ou indireto, temos as possibilidades de declinação apresentadas a seguir:

Quadro 7.2 – Pronomes pessoais do caso oblíquo

CASO	SING.			PLUR.		
	1ª P.	2ª P.	3ª P.	1ª P.	2ª P.	3ª P.
Nom.	–	–	–	–	–	–
Gen.	mei	tu	sui	nostrum (i)	vestrum (i)	sui
Dat.	mihi	tibi	sibi	nobis	vobis	sibi
Ac.	me	te	se	nos	vos	se
Abl.	me	te	se	nobis	vobis	se

Atente para algumas observações:

- Os pronomes pessoais oblíquos não são declinados no nominativo, uma vez que não podem representar sujeito de oração. Igualmente, não são declinados no vocativo, porque não se incluem entre as expressões de chamamento.
- A terceira pessoa do singular e a terceira do plural apresentam a mesma flexão. Essa forma pronominal aparece sempre como pronome reflexivo. Nas traduções, ela é substituída por pronomes demonstrativos.
- *Nostrum* e *nostri* apresentam significados diferentes:

> *Nostrum* – (exclusão, partição) de nós, um entre nós
> *Nostri* – de nós (não significa exclusão)

- O mesmo ocorre com *vestrum* e *vestri*:

> *Vestrum* – um entre vós
> *Vestri* – de vós

Visto a regência dos verbos latinos ser diferente da regência dos verbos em português, é preciso muito cuidado com o uso desses pronomes.

Leia as frases a seguir e preste atenção ao uso dos pronomes oblíquos.

> *Cras tecum coenabo.*
> (Amanhã jantarei contigo).
>
> *Improbi sibi semper obtemperant.*
> (Os maus obedecem sempre a si mesmos).
>
> *Tibi, Deus omnipotens et justissime, obtemperamus.*
> (A ti, ó Deus onipotente e justíssimo, obedecemos).

Os PRONOMES POSSESSIVOS latinos, via de regra, funcionam como pronomes adjetivos, ou seja, sintaticamente são classificados como adjuntos adnominais; portanto, são declináveis em caso, gênero e número, conforme o substantivo que acompanham.

Quadro 7.3 – Pronomes possessivos: 1ª pessoa do singular (declinam-se como o adjetivo bonus, bona, bonum)

Caso	Masc.	Fem.	N.
Nom.	meus	meae	meum
Gen.	mei	meae	mei
Dat.	meo	meae	meo
Ac.	meum	meam	meum
Voc.	mi	mea	meum
Abl.	meo	mea	meo

Quadro 7.4 – Pronomes possessivos: 1ª pessoa do plural

Caso	Masc.	Fem.	N.
Nom.	mei	meae	mea
Gen.	meorum	mearum	meorum
Dat.	meis	meis	meis
Ac.	meos	meas	mea
Voc.	mei	meae	mea
Abl.	meis	meis	meis

Atente para as notas a seguir:

- Os pronomes possessivos *tuus* e *suus* são declinados da mesma forma que *meus*, porém não se declinam no vocativo.

- É necessário ter claro que o pronome *suus* só é usado como pronome reflexivo, para designar a mesma pessoa que o sujeito.

> *Lesbia soleas suas lavat.*
> (Lésbia lava as próprias sandálias).

Noster e *vester* seguem a segunda declinação dos nomes terminados em *-er*, como *pulcher, pulchra, pulchrum* (bonito).

Acompanhe as estruturas frasais a seguir e observe o uso dos pronomes possessivos:

> *Amas pupam tuam, Marcia?*
> (Amas a tua boneca, ó Márcia?)

O pronome *tuam* está no acusativo singular, acompanhando o substantivo *pupam*, que se encontra flexionado no mesmo caso. Veja outros exemplos:

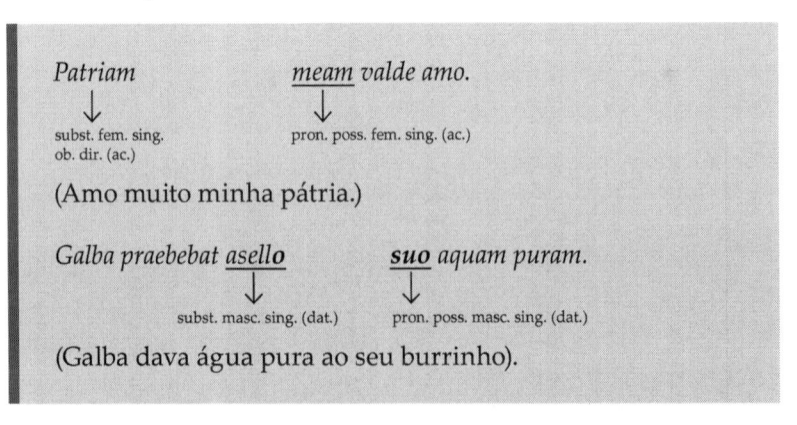

> *Patriam*   *meam valde amo.*
> ↓   ↓
> subst. fem. sing.   pron. poss. fem. sing. (ac.)
> ob. dir. (ac.)
>
> (Amo muito minha pátria.)
>
> *Galba praebebat asello*   *suo aquam puram.*
>   ↓   ↓
>   subst. masc. sing. (dat.)   pron. poss. masc. sing. (dat.)
>
> (Galba dava água pura ao seu burrinho).

Num terceiro grupo, encontram-se os PRONOMES DEMONSTRATIVOS, que, como pronomes adjetivos, são declinados em todos os casos, com exceção do vocativo. Além disso, são declinados nos gêneros masculino, feminino e neutro. Temos, então:

Hic, haec, hoc – este, esta, isto

Quadro 7.5 – Pronomes demonstrativos: hic

CASO	SING.			PLUR.		
	MASC.	FEM.	N.	MASC.	FEM.	N.
Nom.	hic	haec	hoc	hi	hae	haec
Gen.	hujus	hujus	hujus	horum	harum	horum
Dat.	huic	huic	huic	his	his	his
Ac.	hunc	hanc	hoc	hos	hás	haec
Abl.	hoc	hac	hoc	his	his	his

Como os pronomes demonstrativos apresentam radical e tema diferentes, precisam ser estudados em paradigmas próprios. Compare:

Iste, ista, istud – esse, essa, isso

Quadro 7.6 – Pronomes demonstrativos: iste

CASO	SING.			PLUR.		
	MASC.	FEM.	N.	MASC.	FEM.	N.
Nom.	iste	ista	istud	isti	istae	ista
Gen.	istius	istius	istius	istorum	istarum	istorum
Dat.	isti	isti	isti	istis	istis	istis
Ac.	istum	istam	istud	istos	istas	ista
Abl.	isto	ista	isto	istis	istis	istis

Temos também:

> *Ille, illa, illud* – aquele, aquela, aquilo

Quadro 7.7 – *Pronomes demonstrativos:* ille

Caso	Sing.			Plur.		
	Masc.	Fem.	N.	Masc.	Fem.	N.
Nom.	*ille*	*illa*	*illud*	*illi*	*illae*	*illa*
Gen.	*illius*	*illus*	*illius*	*illorum*	*illarum*	*illorum*
Dat.	*illi*	*illi*	*illi*	*illis*	*illis*	*illis*
Ac.	*illum*	*illam*	*illud*	*illos*	*illas*	*illa*
Abl.	*illo*	*illa*	*illo*	*illis*	*illis*	*illis*

Em Almeida (2004, p. 162, grifo do original), encontramos a seguinte observação sobre os demonstrativos de terceira pessoa:

> *o pronome da 3ª pessoa (sui, sibi, se, se) não possui nominativo. Essa falta é suprida pelo demonstrativo is, ea, id; is corresponde ao pronome pessoal português ele ou ao demonstrativo este; ea ao pronome ela ou ao demonstrativo esta; id, forma neutra, serve para traduzir o demonstrativo o em frases como estas:* "Oiça o que (= isto que) lhe digo." – "Não tenho o que (= aquilo que) me pede" — "Não compreendi o que (= aquilo que) *disse o mestre"* – " *Não sei o* (= aquilo, a coisa) *que queres."* – *"Não o fiz por gosto."* (= não fiz isso, essa coisa).

Temos, então, a declinação de *is, ea, id* = ele (este), ela (esta), o (a coisa, isto, isso, aquilo), como apresentado no quadro a seguir.

Quadro 7.8 – Pronomes demonstrativos com terminação em -is

Caso	Sing.			Plur.		
	Masc.	Fem.	N.	Masc.	Fem.	N.
Nom.	is	ea	id	ii, ei	eae	ea
Gen.	ejus	ejus	ejus	eorum	earum	eorum
Dat.	ei	ei	ei	–	iis, eis	–
Ac.	eum	eam	id	eos	eas	ea
Voc.	eo	ea	eo	–	Iis, eis	–

Em relação a esses pronomes, podemos afirmar que:

- As formas *ille* e *is*, referindo-se a um objeto mencionado, ausente ou afastado, são empregadas indiferentemente (qualquer um).
- Pode pertencer ao acusativo masculino ou ao acusativo neutro o pronome *o*:

> Eu o destruirei – <u>eum</u> delebo (masc.).
> Não o beberei – <u>hoc</u> non potabo.

- Quando qualquer demonstrativo tiver três formas idênticas para o mesmo caso (masculino, feminino, neutro), para indicar o gênero neutro, devemos usar a palavra *res*, com a devida declinação. Assim:

> *hujus rei* – disto
> *huic rei* – a isto
> *iis rebus* – a isto (plural)

- Os demonstrativos *is*, *ea* e *id* são usados com a terminação *dem* para reforçar o demonstrativo e têm por tradução a palavra *mesmo*.

- Para reforçar qualquer pronome demonstrativo ou pessoal, ou ainda um termo da oração, em latim, costuma-se usar o demonstrativo *ipse, ipsa, ipsum* (também com a tradução para a palavra *mesmo*):

> *ego ipse* – eu mesmo
> *illi ipse* – aquele mesmo
> *ipse die* – neste mesmo dia

Em latim, como em português, há os PRONOMES RELATIVOS. Para entendê-los, basta que raciocinemos como em português. Vejamos, em primeiro lugar, como eles se definem.

Pronome relativo é todo aquele que tem como referente um termo contido na oração anterior. Como os demais pronomes, é flexionado em caso, gênero e número.

Para melhor compreensão, analisemos uma frase em latim e, em seguida, em português:

> <u>Vir</u>　　　　　*qui*　　　　　*patriam amat.*
> ↓　　　　　　　↓
> suj. (nom.)　　　pron. rel.
> 　　　　　　　　(função de suj.) (nom.)
>
> (<u>O homem</u>　　que　　　　ama a pátria).

Esses pronomes podem retomar um sujeito, objeto ou adjunto adverbial contidos na oração anterior e com eles devem concordar em caso, gênero e número. Os relativos são:

> *qui, quae, quod* – o qual (quem), a qual (quem), que

Quadro 7.9 – *Pronomes relativos:* qui

Caso	Sing.			Plur.		
	Masc.	Fem.	N.	Masc.	Fem.	N.
Nom.	qui	quae	quod	qui	quae	quae
Gen.	–	cujus	–	quorum	quarum	quorum
Dat.	–	cui	–	–	quibus	–
Ac.	quem	quam	quod	quos	quas	quae
Abl.	quo	qua	quo	–	quibus	–

Alguns exemplos:

Servus qui in terra laborat.
(O escravo que trabalha na terra).

Marcus servum habet quem favit.
(Marco tem um escravo a quem favoreceu).

Como os possessivos, os PRONOMES INTERROGATIVOS, em latim, podem ser classificados em adjetivos ou substantivos, conforme estejam acompanhando ou substituindo um nome (substantivo). Também eles são flexionados em caso, gênero e número segundo o substantivo referente.

Quadro 7.10 – Pronomes interrogativos

Caso	Sing.			Plur.		
	Masc.	Fem.	N.	Masc.	Fem.	N.
Nom.	quis, qui	quae	quid, quod	qui	quae	quae
Gen.	cujus	cujus	cujus	quorum	quarum	quorum
Dat.	cui	cui	cui	quibus	quibus	quibus
Ac.	quem	quam	quid, quod	quos	quas	quae
Abl.	quo	qua	quo	quibus	quibus	quibus

Esses pronomes mantêm uma semelhança muito grande com os relativos. Para melhor entendimento das formas desses pronomes, recomendamos a leitura de Almeida (2004, p. 173-174).

Nessa categoria de pronomes, convém revisarmos os ADJETIVOS PRONOMINAIS INTERROGATIVOS:

cuius, cuia, cuium – de quem?
cuias, cuiatis – de que país?
qualis? – qual?
quantus? – quão grande?
quantulus? – quão pequeno?
quotus, quota, quotum – qual da série?
Quotusquisque, quotanquaeque, quotumquodeque – quão poucos?

Alguns exemplos:

> *Quis fabulam narrat?*
> (Que fábulas narra?)
>
> *Quem non laudat magistra?*
> (A professora não louva a quem?)
>
> *Quam discipulam laudat magistra?*
> (Que aluna a professora louva?)
>
> *Quis historiam Lesbiae narrabit?*
> (Qual história narrará à Lésbia?)

(7.2) Adjetivos latinos

Uma vez realizado o estudo dos pronomes latinos, passemos, agora, ao estudo dos adjetivos. Como os substantivos e os pronomes, os adjetivos, em latim, sofrem declinações em caso, gênero e número. Essa categoria gramatical, como em português, qualifica e particulariza o substantivo que ela acompanha ou a que se refere. Convém, no entanto, considerarmos que os adjetivos classificam-se em duas categorias para efeito de declinação:

1. adjetivos de primeira classe;
2. adjetivos de segunda classe.

Os de PRIMEIRA CLASSE são declinados pela primeira e segunda declinações: à primeira pertencem os adjetivos femininos; à segunda, os adjetivos masculinos e neutros. Os adjetivos dessa primeira categoria são também chamados de *triformes*, por terem uma forma para cada gênero (masculino, feminino e neutro).

Os adjetivos masculinos podem apresentar as terminações -*us* ou -*er*. Estes últimos podem conservar o *e* durante sua declinação ou perdê-lo. Para clarear essas explicações, vejamos o quadro a seguir.

> *Bonus, bona, bonum* – bom

Quadro 7.11 – *Paradigma para os adjetivos que seguem a segunda declinação com o masculino nominativo em "-us"*

Caso	Sing.			Plur.		
	Masc.	Fem.	N.	Masc.	Fem.	N.
Nom.	bonus	bona	bonum	boni	bonae	bona
Gen.	boni	bonae	boni	bonorum	bonarum	bonorum
Dat.	bono	bonae	bono	bonis	bonis	bonis
Ac.	bonum	bonam	bonum	bonos	bonas	bona
Voc.	bone	bona	bonum	boni	bonae	bona
Abl.	bono	bona	bono	bonis	bonis	bonis

Seguem esse paradigma os seguintes adjetivos com o nominativo em -*us*:

> *magnus, magna, magnum* – grande
> *parvus, parva, parvum* – pequeno
> *altus, alta, altum* – alto
> *depressus, depressa, depressum* – baixo
> *novus, nova, novum* – novo
> *antiquus, antiqua, antiquum* – antigo
> *pius, pia, pium* – piedoso
> *malus, mala, malum* – mau
> *meus, mea, meum* – meu
> *notus, nota, notum* – conhecido

Observe a concordância dos adjetivos com os substantivos nas seguintes expressões:

> *vir bonus* – homem bom
> *puella laeta* – menina alegre
> *civum romanum* – cidadão romano
> *ars pulchra* – profissão bonita
> *tarrae magnae* – países grandes
> *filius meus* – meus filhos

Vejamos, no Quadro 7.12, o paradigma para os adjetivos que fazem o nominativo singular em *-er* conservando o *e* nos demais casos, como no exemplo a seguir.

> *Asper, aspera, asperum* – áspero

Quadro 7.12 – *Paradigma para os adjetivos que fazem o nominativo singular em "-er"*

Caso	Sing.			Plur.		
	Masc.	Fem.	N.	Masc.	Fem.	N.
Nom.	asper	aspera	asperum	asperi	asperae	aspera
Gen.	asperi	asperae	asperi	asperorum	asperarum	asperorum
Dat.	aspero	asperae	aspero	asperis	asperis	asperis
Ac.	asperum	asperam	asperum	asperos	asperas	aspera
Voc.	asper	aspera	aspera	asperi	asperae	aspera
Abl.	aspero	aspera	aspero	asperis	asperis	asperis

Apresentamos, a seguir, o paradigma para os adjetivos que fazem o nominativo singular -*er* sem conservar o *e*, como no exemplo.

piger, pigra, pigrum – preguiçoso

Quadro 7.13 – *Paradigma para os adjetivos que fazem o nominativo singular -er sem o e*

Caso	Sing.			Plur.		
	Masc.	Fem.	N.	Masc.	Fem.	N.
Nom.	piger	pigra	pigrum	pigri	pigrae	pigra
Gen.	pigri	pigrae	pigri	pigrorum	pigrarum	pigrorum
Dat.	pigro	pigrae	pigro	pigris	pigris	pigris
Ac.	pigrum	pigram	pigrum	pigros	pigras	pigra
Voc.	piger	pigra	pigrum	pigri	pigrae	pigra
Abl.	pigro	pigra	pigro	pigris	pigris	pigris

Para declinarmos um adjetivo, localizamos o radical pelo mesmo procedimento utilizado para os substantivos. Quanto à posição, colocamos, sempre, o adjetivo após o substantivo.

Os adjetivos de segunda classe, em todos os gêneros, seguem o paradigma dos substantivos da terceira declinação. Eles se subdividem em dois grupos:

1. Biformes – apresentam duas terminações para o nominativo (uma para o masculino e o feminino e outra para o neutro).
2. Triformes – apresentam três terminações para o nominativo (uma para cada gênero).

Para melhor compreender esse aspecto, veja o próximo quadro.

> *Brevis, breve* – breve

Quadro 7.14 – *Paradigma para os adjetivos de segunda classe: biformes (parissílabos)*

Caso	Sing.			Plur.		
	Masc.	Fem.	N.	Masc.	Fem.	N.
Nom.	brevis	brevis	breve	breves	breves	brevia
Gen.	brevis	brevis	brevis	brevium	brevium	brevium
Dat.	brevi	brevi	brevi	brevibus	brevibus	brevibus
Ac.	brevem	brevem	breve	breves	breves	brevia
Voc.	brevis	brevis	breve	breves	breves	brevia
Abl.	brevi	brevi	brevi	brevibus	brevibus	brevibus

Para declinarmos o adjetivo *acer, acris, acre*, devemos considerar que ele tem uma forma especial em *-er* para o masculino no nominativo e no vocativo singular, sendo o restante de sua declinação semelhante à do adjetivo *brevis, breve*. O adjetivo *acer* é, portanto, um exemplo de ADJETIVO TRIFORME.

Também chamados de *umparissílabos*, os adjetivos triformes podem ser agrupados em duas categorias:

1. os que fazem o genitivo plural em *-ium*;
2. os que fazem o genitivo plural em *-um*.

> *Prudens, prudentis* – prudente

Quadro 7.15 – Paradigma para os adjetivos de segunda classe: triformes (imparissílabos)

Caso	Sing.			Plur.		
	Masc.	Fem.	N.	Masc.	Fem.	N.
Nom.	prudens	prudens	prudens	prudentes	prudentes	prudentia
Gen.	prudentis	prudentis	prudentis	prudentium	prudentium	prudentium
Dat.	prudenti	prudenti	prudenti	prudentibus	prudentibus	prudentibus
Ac.	prudentem	prudentem	prudens	prudentes	prudentes	prudentia
Voc.	prudens	prudens	prudens	prudentes	prudentes	prudentia
Abl.	prudenti	prudenti	prudenti	prudentibus	prudentibus	prudentibus

Síntese

Neste capítulo, apresentamos as principais flexões dos pronomes e adjetivos latinos. Enfatizamos, no entanto, que há outras flexões relacionadas aos adjetivos imparissílabos. Para ampliar seu conhecimento sobre o assunto, procure mais informações nas gramáticas da língua latina. Há particularidades que devem ser observadas, conforme o adjetivo usado para determinar o substantivo.

Atividades

Leia o parágrafo a seguir para responder às questões 1 e 2:

> *Pater librum, quem mihi donavisti, laudavit; imago autem, quam mihi ouer ille donavit, ei grata non fuit; id, quod mihi cras amicus donabit, patri statim monstrabo.*

1. A melhor tradução para *mihi* é:
   a) meu.
   b) a mim.
   c) me.
   d) por mim.

2. *Quod* é um pronome relativo e está no caso:
   a) acusativo plural.
   b) dativo singular.
   c) genitivo plural.
   d) acusativo singular.

3. Há concordância entre substantivo e adjetivo nas seguintes palavras:
   a) *Imperator Magnus*.
   b) *Magnus et clarus*.
   c) *Multos anos*.
   d) Nenhuma das alternativas está correta.

4. Os adjetivos *verum* e *falsos* estão declinados em qual caso na frase a seguir?

   > *Christiani Deum verum adorant et deos falsos non timent.*

   a) Nominativo.
   b) Genitivo.
   c) Ablativo.
   d) Acusativo.

5. Selecione a alternativa que contém somente adjetivos de segunda classe:
   a) *Niger, miser, aeger, pestifer, plerique*.
   b) *Par, locuples, trux, puter, volucer*.
   c) *Terrester, celer, campester, bonus, malus*.
   d) *Miser, locuples, terrester, campester, malus*.

Lista de abreviações

1ª p.	primeira pessoa	n.	neutro
2ª p.	segunda pessoa	nom.	nominativo
3ª p.	terceira pessoa	plur.	plural
abl.	ablativo	pron. pess.	pronome pessoal
ac.	acusativo	pron. poss.	pronome possessivo
dat.	dativo	pron. relat.	pronome relativo
dec.	declinação	sing.	singular
fem.	feminino	subst.	substantivo
gen.	genitivo	suj.	sujeito
masc.	masculino	voc.	vocativo

(**8**)

Casos e funções sintáticas
da terceira declinação

Angelo Renan Acosta Caputo

Nos capítulos anteriores, estudamos as irregularidades da primeira e da segunda declinação, bem como as flexões dos adjetivos de primeira e segunda classes. Neste capítulo, analisaremos as particularidades da terceira declinação e suas variações caso a caso.

Podemos afirmar ser a terceira declinação a que mais dificuldades oferece em latim. Isso se deve à variedade de terminações não só para o nominativo, como também para os demais casos, por isso a relevância de, antes de declinarmos qualquer substantivo, consultarmos, em um dicionário, a formação do genitivo singular, que termina sempre em -*is*. Devido a essas peculiaridades, os nomes da terceira declinação geralmente aparecem em grupos. Também o número de consoantes no final do tema deve ser objeto de atenção.

Os nomes dessa declinação classificam-se em PARISSÍLABOS e IMPARISSÍLABOS, conforme o número de sílabas apresentado em sua flexão no nominativo e no genitivo singular.

(8.1) Substantivos parissílabos

Substantivos pasissílabos são os nomes que apresentam o mesmo número de sílabas para o nominativo e para o genitivo singular. Os substantivos fazem o ablativo singular em -*e* e o genitivo plural em -*ium*:

> *Hostis, hostis* (masc.) – o inimigo

Quadro 8.1 – Paradigma para os substantivos parissílabos de terceira declinação

Caso	Sing.	Plur.
Nom.	*host-is*	*host-es*
Gen.	*host-is*	*host-ium*
Dat.	*host-i*	*host-ibus*
Ac.	*host-em*	*host-es*
Voc.	*host-is*	*host-es*
Abl.	*host-e*	*host-ibus*

A seguir, vejamos alguns substantivos que seguem esse paradigma:

- Nomes masculinos:

> *navis, navis* – a nau *collis, collis* – a colina
> *ensis, ensis* – a espada *ignis, ignis* – o fogo
> *funis, funis* – o fim *imber, imbris* – a chuva

- Nomes femininos:

> *avis, avis* – a ave *nubes, nubis* – a nuvem
> *caedes, caedis* – a matança *ovis, ovis* – a ovelha
> *clavis, clavis* – a chave *vulpes, vulpis* – o lobo
> *moles, molis* – a mole

Atente para as seguintes observações:

- Os substantivos *apis* (a abelha), *mensis* (o mês) e *volucris* (a ave) têm duas formas para o genitivo plural: *-ium* ou *-um*.
- Os substantivos parissílabos a seguir têm o genitivo plural em *-um*:

> *pater, patris* (o pai) – <u>*patrum*</u>
> *mater, matris* (a mãe) – <u>*matrum*</u>
> *frater, fratris* (o irmão) – <u>*fratrum*</u>
> *juvenis, juvenis* (o, a jovem) – <u>*juvenum*</u>
> *senex, senis* (o velho) – <u>*senum*</u>
> *accipter, acciptris* (o gavião) – <u>*acciptrum*</u>
> *canis, canis* (o cão) – <u>*canum*</u>
> *strues, struis* (o montão) – <u>*struum*</u>

Vejamos, agora, um paradigma para os nomes parissílabos NEUTROS. Esses substantivos apresentam uma série de irregularidades. Convém, sempre, que você recorra a uma gramática antes de decliná-los:

> Cubile, cubilis – o leito.

Quadro 8.2 – Paradigma para os substantivos neutros de terceira declinação

Caso	Sing.	Plur.
Nom.	cubil-e	cubil-ia
Gen.	cubil-is	cubil-ium
Dat.	cubil-i	cubil-ibus
Ac.	cubil-e	cubil-ia
Voc.	cubil-e	cubil-ia
Abl.	cubil-i	cubil-ibus

Por esse paradigma, podemos declinar os substantivos neutros:

> mare, maris – o mar
> oviles, ovilis – o redil
> praesepe, praesepis – o curral
> rete, retis – a rede

Convém que você tenha cuidado com os demais substantivos neutros e suas alterações de caso.

Passemos, agora, para o estudo dos substantivos imparissílabos de terceira declinação.

(8.2) Substantivos imparissílabos

Os substantivos imparissílabos se agrupam conforme o número de consoantes na terminação de seu radical. Assim:

Amor, amoris – o amor

Quadro 8.3 – Imparissílabos com tema que termina em uma só consoante

Caso	Sing.	Plur.
Nom.	amor	amor-es
Gen.	amor-is	amor-um
Dat.	amor-i	amor-ibus
Ac.	amor-em	amor-es
Voc.	amor	amor-es
Abl.	amor-e	amor-ibus

Podemos declinar os seguintes substantivos MASCULINOS:

dux, duces – o chefe
consul, consulis – o cônsul
eques, equitis – o cavaleiro
homo, hominis – o homem
leo, leonis – o leão
rex, regis – o rei
calix, calicis – o cálice
dolor, doloris – a dor
flos, floris – a flor
pedes, peditis – o peão
orator, oratoris – o orador
sermo, sermonis – o sermão

Ainda seguem esse paradigma os seguintes substantivos FEMININOS, entre outros:

> *dicio, dicionis* – o poder
> *facultas, facultatis* – a faculdade
> *hirundo, hirundinis* – a andorinha
> *laus, laudis* – o louvor
> *mulier, mulieris* – a mulher
> *natio, nationis* – a nação
> *paupertas, paupertatis* – a pobreza
> *pax, pacis* – a paz
> *regio, regionis* – a região
> *uxor, uxoris* – a esposa

Alguns substantivos imparissílabos fazem o genitivo plural em *-ium*:

> *dos, dotis* (o dote) – <u>*dotium*</u>
> *fraus, fraudis* (a fraude) – <u>*fraudium*</u>
> *glis, gliris* (o arganaz) – <u>*glirium*</u>
> *mas, maris* (o macho) – <u>*marium*</u>

Para os imparissílabos NEUTROS, há um paradigma especial, visto serem várias as irregularidades. Vejamos:

> *Carmen, carminis* – a poesia

Quadro 8.4 – Paradigma especial para alguns imparissílabos neutros de terceira declinação

Caso	Sing.	Plur.
Nom.	carmen	carmin-a
Gen.	carmin-is	carmin-um
Dat.	carmin-i	carmin-ibus
Ac.	carmen	carmin-a
Voc.	carmen	carmin-a
Abl.	carmin-e	carmin-ibus

Você ainda pode usar esse paradigma com os seguintes substantivos neutros:

cadaver, cadaveris – o cadáver
caput, capitis – a cabeça
certamen, certaminis – a batalha
genus, generis – o gênero
corpus, corporis – o corpo
marmor, marmoris – o mármore
flumen, fluminis – o rio
opus, operis – a obra
os, oris – a boca
robur, roboris – o carvalho

Passemos, agora, ao estudo dos substantivos masculinos e femininos imparissílabos com tema que termina em mais de uma consoante. Estes fazem o ablativo singular em *-e* e o genitivo plural em *-ium*. Vejamos um exemplo:

> *Dens, dentis* – o dente

Quadro 8.5 – *Paradigma para substantivos masculinos e femininos imparissílabos com tema que termina com mais de uma consoante*

Caso	Sing.	Plur.
Nom.	*dens*	*dent-es*
Gen.	*dent-is*	*dent-ium*
Dat.	*dent-i*	*dent-ibus*
Ac.	*dent-em*	*dent-es*
Voc.	*dens*	*dent-es*
Abl.	*dent-e*	*dent-ibus*

Os substantivos masculinos a seguir, entre outros, seguem esse paradigma.

> *mons, montis* – o monte
> *adolescens, adolescentis* – o adolescente
> *dens, dentis* – o dente
> *pons, pontis* – a ponte
> *serpens, serpentis* – a serpente
> *fons, fontis* – a fonte

Substantivos femininos que também seguem esse paradigma, entre outros:

> *ars, artis* – a arte
> *frons, frondis* – a ramagem
> *urbs, urbis* – a cidade
> *merx, mercis* – a mercadoria
> *frons, frontis* – a fronte
> *nox, noctis* – a noite

Quanto aos neutros, fazem o ablativo singular em *-i*, o nominativo, o acusativo e o vocativo plural em *-ia* e o genitivo em *-ium*. Vejamos alguns deles:

> *tribunal, tribunalis* – o tribunal
> *exemplar, exemplaris* – o exemplo
> *calcar, calcaris* – a espora

Para esse tipo de substantivo, temos o seguinte paradigma:

> *cor, cordis* – o coração

Quadro 8.6 – *Paradigma para os substantivos neutros*

Caso	Sing.	Plur.
Nom.	cor	cord-a
Gen.	cord-is	cord-ium
Dat.	cord-i	cord-ibus
Ac.	cor	cord-a
Voc.	cor	cord-a
Abl.	cord-e	cord-ibus

Também devem ser objeto de estudo os substantivos imparissílabos neutros terminados em *-al* e *-ar* que flexionam o ablativo singular em *-i*, o nominativo, o acusativo e o vocativo plural em *-ia* e o genitivo plural em *-ium*:

> *tribunal, tribunalis* – o tribunal
> *exemplar, exemplaris* – o exemplar
> *animal, animalis* – o animal
> *cochlear, cochlearis* – a colher
> *vectigal, vectigalis* – o imposto

Passemos ao estudo dessa declinação com todas as suas particularidades, juntamente às demais que já estudamos neste livro, por meio da análise de frases de texto:

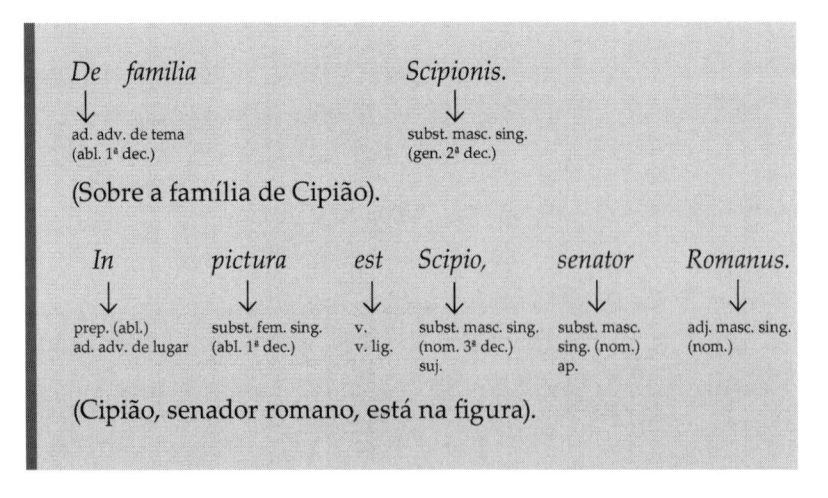

> *De   familia*   *Scipionis.*
>   ↓   ↓
> ad. adv. de tema   subst. masc. sing.
> (abl. 1ª dec.)   (gen. 2ª dec.)
>
> (Sobre a família de Cipião).
>
> *In*   *pictura*   *est*   *Scipio,*   *senator*   *Romanus.*
> ↓   ↓   ↓   ↓   ↓   ↓
> prep. (abl.) subst. fem. sing. v.   subst. masc. sing. subst. masc.   adj. masc. sing.
> ad. adv. de lugar (abl. 1ª dec.) v. lig. (nom. 3ª dec.) sing. (nom.)   (nom.)
>   suj.   ap.
>
> (Cipião, senador romano, está na figura).

Cornelia →	est →	uxor →	Scipionis →	atque →	mater →	Lesbiae, →	Stellae →	et →	Titi. →
subst. fem. sing. (nom.) suj.	v. v. de lig.	subst. fem. sing. (nom. 3ª dec.) pred. do suj.	subst. masc. sing. (gen. 3ª dec.) ad. atr.	conj.	subst. fem. sing. (nom. 3ª dec.) pred. do suj.	subst. fem. sing. (gen.) pred. do suj.	subst. fem. sing. (gen. 1ª dec.) pred. do suj.	conj.	subst. masc. sing. (gen. 2ª dec.) pred. do suj.

(Cornélia é a esposa de Cipião e também mãe de Lésbia, de Estela e de Tito).

Scipio →	in →	Africa →	fuit →	et →	leones →	vidit. →
subst. masc. sing. (nom. 3ª dec.) suj.	prep. (abl.) ad. adv. de lugar	subst. fem. sing. (abl. 1ª dec.)	v. (abl.)	conj.	subst. masc. sing. (ac. 3ª dec.) ob. dir.	v. (ac.)

(Cipião foi à África e viu os leões).

Leo, →	ait →	Scipio, →	rex →	bestiarum, →	in →	desertis →	locis →	vivit. →
subst. masc. sing. (nom. 3ª dec.) suj.	v. (ac.)	subst. masc. sing. (nom. 3ª dec.) suj.	subst. masc. sing. (nom. 5ª dec.) ap.	subst. n. plur. (gen. 4ª dec.)	prep. abl. ad. adv. de lugar	adj. masc. plur. (abl.)	subst. masc. plur. (abl. 2ª dec.)	v. v. intrans.

(O leão, rei das feras, diz Cipião, vive em locais desertos).

Síntese

Neste capítulo, apresentamos as particularidades da terceira declinação, considerada a mais difícil da língua latina, e suas particularidades, bem como sua classificação em parissílabos e imparissílabos, conforme o número de sílabas apresentado em sua flexão no nominativo e no genitivo singular.

Atividades

1. Na sequência *funis, ignis, pedes, regis*, temos, respectivamente, substantivos classificados em:
   a) imparissílabo, imparissílabo, parissílabo, parissílabo, imparissílabo.
   b) parissílabo, imparissílabo, parissílabo, imparissílabo, parissílabo.
   c) parissílabo, parissílabo, imparissílabo, imparissílabo, imparissílabo.
   d) parissílabo, parissílabo, imparissílabo, parissílabo, imparissílabo.

2. A alternativa que apresenta somente substantivos masculinos de terceira declinação é:
   a) *ensis, collis, eques, rex, dens.*
   b) *ars, frons, flumen, corpus, régio.*
   c) *collis, eques, fraus, hirundo, orator.*
   d) *dicio, laus, mars, os, genus.*

3. Selecione a alternativa que classifica corretamente os casos a que pertencem as palavras flexionadas *ducis, ducem, ducum, duce*:

a) Nominativo plural, acusativo plural, dativo singular, nominativo singular.
b) Genitivo singular, acusativo singular, genitivo plural, ablativo singular.
c) Acusativo plural, genitivo plural, nominativo plural, ablativo singular.
d) Dativo plural, acusativo plural, genitivo plural, ablativo plural.

4. Selecione a alternativa que determina a que declinação, respectivamente, pertencem as palavras destacadas na frase a seguir:

> *Germani, ait Scipio, erant corporibus magnis et robustis, oculis caeruleis, capillis flavis.*

a) Segunda, segunda, segunda, terceira, terceira.
b) Terceira, segunda, segunda, terceira, terceira.
c) Segunda, terceira, terceira, segunda, segunda.
d) Terceira, terceira, primeira, segunda, primeira.

5. Assinale a alternativa que traduz corretamente a frase a seguir:

> *Titus donat parvo suo passeri muscas, turturi grana tritici.*

a) Tito dava ao pavão e aos pássaros moscas, à tartaruga, grãos de trigo.
b) Tito dá aos pássaros grãos do pavão que come as moscas com a tartaruga.
c) Tito dá ao seu pássaro preto e grão de trigo às rolas.
d) Tito dá moscas ao seu pequeno pássaro e grãos de trigo à rola.

Lista de abreviações

abl.	ablativo	nom.	nominativo
ac.	acusativo	ob. dir.	objeto direto
ad. adn.	adjunto adnominal	plur.	plural
ad. adv.	adjunto adverbial	pred. do suj.	predicativo do sujeito
ad. atr.	adjunto atributivo	prep.	preposição
ap.	aposto	prep. abl.	preposição ablativa
conj.	conjunção	sing.	singular
dat.	dativo	subst.	substantivo
dec.	declinação	suj.	sujeito
fem.	feminino	v.	verbo
fut.ant.	futuro anterior	v. instrans.	verbo intransitivo
gen.	genitivo	v. lig.	verbo de ligação
masc.	masculino	voc.	vocativo
n.	neutro		

(9)

Numerais, advérbios, preposições
e conjunções latinos

Clóvis Jair Prunzel

Chegamos ao final de nosso estudo sobre a parte gramatical da língua latina. Dividimos este capítulo em duas unidades: na primeira, apresentaremos os numerais; na segunda, as chamadas *partículas invariáveis*: os advérbios, as preposições e as conjunções.

(9.1) Numerais latinos

Com o objetivo de indicar quantidades, os numerais latinos estão classificados em quatro categorias: cardinais, ordinais, distributivos e multiplicativos.

Aos dois primeiros, daremos mais atenção nesta unidade. Quanto aos outros dois, uma explicação de como se caracterizam e como aparecem na língua latina é o suficiente nesse momento.

Os numerais distributivos são declinados conforme os adjetivos de primeira classe e aparecem da seguinte forma: *singuli, singulae, singula*, literalmente "de um em um"; *bini, binae, bina*, "de dois em dois"; *terni, ternae, terna*, "de três em três" e assim por diante.

Já os numerais multiplicativos funcionam como adjetivos e podem ser *simplex* (simples); *duplex* (duplo); *triplex* (triplo); *quadruplex* (quádruplo) e são declinados conforme os adjetivos de segunda classe. Há os numerais multiplicativos adverbiais, como *semel* (uma só vez), *bis* (duas vezes), *ter* (três vezes) e assim por diante.

Numerais cardinais

A numeração romana é decimal e, por isso, há nomes específicos para os dez primeiros cardinais. Os demais são formados por composição. Também há nomes especiais para os cardinais que denominam a centena e o milhar.

Assim como no português, o latim flexiona o numeral cardinal de acordo com o substantivo a que se refere, concordando com este último em gênero, número e caso.

São declináveis apenas os três primeiros cardinais. *Unus* e *duo* seguem a declinação dos adjetivos de primeira classe; *tres* segue a declinação dos adjetivos de terceira classe.

Vejamos como são declinados esses três primeiros cardinais, conforme apresentado no quadro a seguir.

Quadro 9.1 – Declinação dos numerais cardinais

Caso	Sing.		
	Masc.	Fem.	N.
Nom.	*unus*	*una*	*unum*
Gen.	*unius*	*unius*	*unius*
Dat.	*uni*	*uni*	*uni*
Ac.	*unum*	*unam*	*unum*
Abl.	*uno*	*una*	*uno*

Caso	Plur.		
	Masc.	Fem.	N.
Nom.	*duo*	*duae*	*duo*
Gen.	*duorum*	*duarum*	*duorum*
Dat.	*duobus*	*duabus*	*duobus*
Ac.	*duos*	*duas*	*duo*
Abl.	*duobus*	*duabus*	*duobus*

Caso	Plur.		
	Masc.	Fem.	N.
Nom.	*tres*	*tres*	*tria*
Gen.	*trium*	*trium*	*trium*
Dat.	*tribus*	*tribus*	*tribus*
Ac.	*tres*	*tres*	*tria*
Abl.	*tribus*	*tribus*	*tribus*

Os cardinais de *quatuor* até *centum* não são declinados. Aqueles que se compõem com *unus, duo* ou *tres* têm esses elementos declináveis.

Quadro 9.2 – Numerais cardinais

Num.	Card.
1	*unus, una, unum*
2	*duo, duae, duo*
3	*tres, tria*
4	*quatuor*
5	*quinque*
6	*sex*
7	*septem*
8	*octo*
9	*novem*
10	*decem*
11	*undecim*
12	*duodecim*
13	*tredecim [decem et tres]*
14	*quattuordecim*
15	*quindecim*

Num.	Card.
16	*sedecim*
17	*septendecim*
18	*duodeviginti [octodecim]*
19	*undeviginti [novendecim]*
20	*viginti*
21	*viginti unus, viginti una, viginti unum*
30	*triginta*
40	*quadraginta*
50	*quinquaginta*
60	*sexaginta*
70	*septuaginta*
80	*octoginta*
90	*nonaginta*
100	*centum*
1000	*mille, milia, milium*

Numerais ordinais

Os numerais ordinais latinos indicam tanto a sequência numérica como a fração. O quadro mostrado a seguir caracteriza os numerais ordinais.

Quadro 9.3 – Numerais ordinais

Num.	Ord.
primeiro	*primus, prima, primum*
segundo	*secundus, secunda, secundum*
terceiro	*tertius, tertia, tertium*
quarto	*quartus, quarta, quartum*
quinto	*quintus, quinta, quintum*
sexto	*sextus, sexta, sextum*
sétimo	*septimus, septma, septmum*
oitavo	*octavus, octava, octavum*
nono	*nonus, nona, nonum*
décimo	*decimus, decima, decimum*
décimo primeiro	*undecimus, undecima, undecimum*
décimo segundo	*duodecimus, duodecima, duodecimum*
vigésimo	*vicesimus*
trigésimo	*tricesimus*
quadragésimo	*quadragesimus*
quinquagésimo	*quinquagesimus*
centésimo	*centesimus*

(continua)

(Quadro 9.3 – conclusão)

Num.	Ord.
centésimo primeiro	*centesimus primus*
duocentésimo	*ducentesimus*
milésimo	*millesimus*
milésimo primeiro	*millesimus primus*

(9.2) Palavras indeclináveis: advérbios, preposições e conjunções latinos

Assim como em português, os ADVÉRBIOS latinos são palavras invariáveis que modificam um verbo, um adjetivo ou outro advérbio.

Os advérbios distribuem-se em grupos segundo a circunstância que indicam. Por isso, existem advérbios de lugar, tempo e modo. Nos dicionários, há a indicação clara e exata do significado e emprego dos advérbios. Os mais comuns estão listados a seguir:

- Advérbios de lugar

> *ubi* – onde
> *quo* – para onde, aonde
> *unde* – donde, de onde
> *qua* – por onde

- Advérbios de tempo

> *dum* – enquanto
> *semper* – sempre
> *nunc* – agora
> *hodie* – hoje
> *cras* – amanhã
> *cotidie* – todos os dias

> *pridie* – na véspera
> *postridie* – no dia seguinte
> *saepe* – muitas vezes
> *diu* – por muito tempo
> *simul* – ao mesmo tempo

- Advérbios de modo

> *bene* – bem
> *male* – mal
> *facile* – facilmente
> *difficile* – dificilmente
> *fortiter* – fortemente
> *feliciter* – felizmente
> *prudenter* – prudentemente
> *quoque* – também

As PREPOSIÇÕES ligam palavras: um substantivo a outro; um substantivo a um adjetivo; um substantivo a um verbo etc. As preposições estão subordinadas ou regem casos específicos.

Em latim, elas regem dois casos: o acusativo e o ablativo. As preposições listadas a seguir regem o ACUSATIVO:

> *ad* – a, para, até
> *ante* – diante de, antes
> *apud* – em caso de
> *cis* – aquém de
> *erga* – para com
> *extra* – fora de
> *inter* – entre, no meio
> *per* – por, por meio, através
> *propter* – perto de,
> *supra* – sobre, além de
> *trans* – além de

As preposições a seguir requerem o ABLATIVO:

> *a* ou *ab* – de, de parte de
> *cum* – com
> *de* – de, do alto de
> *e, ex* – de, fora de, de cima de
> *pro* – diante de
> *sine* – sem

Enquanto as preposições ligam palavras na oração, as CONJUNÇÕES ligam orações/frases. Apresentamos a seguir as mais comuns da língua latina:

> *et, que, atque, ac* – e
> *et... et* – não só... mas; tanto... quanto; já... já
> *neque* – nem, e não
> *nam* – pois, com efeito
> *non solum... sem etiam* – não somente... mas ainda
> *non modo... sed etiam* – não somente... mas ainda
> *sed* – mas
> *etiam* – também, ainda
> *tamen, attamen* – todavia, contudo
> *enim, ergo, igitur* – logo, portanto
> *quam* – do que
> *quia, quod* – porque
> *ut* – para que, a fim de que
> *ut, sicut* – como

Na frase *Petri et Pauli* ou *Petri Paulique*, por exemplo, temos a conjunção usada de duas formas diferentes, mas com a mesma tradução.

Síntese

Neste capítulo, abordamos os numerais, os advérbios, as preposições e as conjunções. Para ampliar seu conhecimento nesse tema, recomendamos consulta a obras referentes à aplicação da gramática latina.

Atividades

1. Assim como em português, as conjunções, em latim, ligam:
   a) orações entre si.
   b) o sujeito ao verbo.
   c) o verbo ao complemento.
   d) o substantivo ao adjetivo.

2. A palavra *simul* é classificada como:
   a) advérbio de modo.
   b) advérbio de tempo.
   c) preposição.
   d) conjunção.

3. Assinale a alternativa que indica, respectivamente, as declinações de caso na sequência *unum, duarum, tribus, trium, uno*:
   a) Genitivo plural, dativo singular, nominativo plural, genitivo singular, dativo plural.
   b) Nominativo singular, dativo plural, genitivo singular, dativo singular, ablativo plural.
   c) Acusativo singular, genitivo plural, dativo plural, genitivo plural, ablativo singular.
   d) Dativo singular, acusativo singular, genitivo singular, dativo singular, ablativo singular.

4. Selecione a alternativa que apresenta a classificação correta das palavras destacadas nas frases a seguir:

   I. *Tum Orbilius Quintum ad quintam columnam alligavit.*
   II. *Hodie sensus hominis argumentum lectionis erunt.*
   III. *Cycnum et Lesbiae et Stellae pater attulit.*
   IV. *Lesbia octo soleas habet.*

   Marque a alternativa que corresponde corretamente ao solicitado:

   a) Numeral, adjetivo, advérbio, conjunção.
   b) Preposição, advérbio, conjunção, numeral.
   c) Conjunção, preposição, adjetivo, advérbio.
   d) Numeral, preposição, conjunção, adjetivo.

5. Leia as frases dadas e, depois, destaque o que se pede:

   > — *Ubi est statua et lucerna?*
   > — *Cornelia historia de piratis filiae suae narrat.*
   > — *Ibi capream plagis captant.*
   > — *Propter vicatoriam nautarum magna est laetitia.*

   a) Uma conjunção:
   b) Duas preposições:
   c) Um advérbio:

Lista de abreviações

abl.	ablativo	masc.	masculino
ac.	acusativo	n.	neutro
dat.	dativo	nom.	nominativo
fem.	feminino	plur.	plural
fut. ant.	futuro anterior	sing.	singular
gen.	genitivo		

(<u>10</u>)

Do latim ao português

Angelo Renan Acosta Caputo

A língua é, por sua natureza, "viva". Isso porque está sujeita a transformações que ocorrem mediante a ação de vários fatores. Você já deve ter observado que o português que você utiliza é diferente do praticado pelos seus avós. O tempo, a idade, a influência de pessoas com as quais convivemos, a região geográfica à qual estamos circunscritos, tudo, enfim, funciona como mecanismo determinante de mudanças e caracterizações da língua.

Se, na oralidade, as transformações da língua acontecem com maior rapidez, na escrita elas ocorrem de forma consistente, embora de modo mais lento.

Neste capítulo, apresentaremos a história da formação do povo que utilizou e utiliza a língua portuguesa como veículo de comunicação, bem como com as transformações que ela sofreu ao longo do tempo até chegar à sua forma atual.

(10.1) História da língua portuguesa

Você já sabe que o português tem origem no latim vulgar, que era falado pelos romanos que habitaram a Lusitânia, a oeste da Península Ibérica. O desenvolvimento da língua portuguesa está atrelado à história dessa península; podemos até mesmo acreditar que o português é a língua latina modificada. Sua formação se liga aos fatos históricos e às relações estabelecidas entre os diversos povos que, antes dos romanos, estabeleceram-se nessa península. Segundo Coutinho (1976, p. 46), "as circunstâncias históricas, em que se criou e desenvolveu o nosso idioma, estão intimamente ligadas a fatos que pertencem à história geral da Península".

Mapa 10.1 – Influências culturais na Península Ibérica

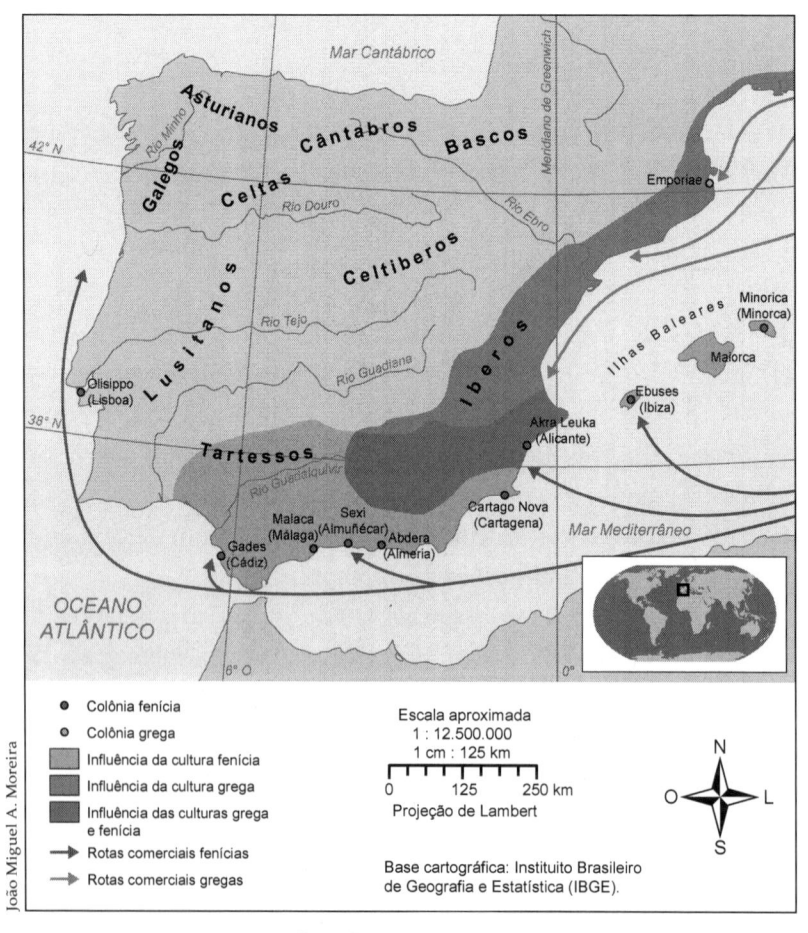

Fonte: Elaborado com base em España..., 2017; Cunha; Cintra, 2013.

Inicialmente, dois povos viveram na Península Ibérica: o cântabro-pirenaico e o mediterrâneo, que deram origem, respectivamente, ao basco e ao ibero. Este último originou a rica região da Ibéria, a qual, por sua vez, foi muito disputada entre os gregos e os fenícios, sendo os primeiros derrotados.

Em 1100 a.C., os fenícios eram um povo voltado para atividades comerciais e de navegação, o que resultou no fracasso na colônia. Essa situação favoreceu os gregos, que haviam se fortificado ao sul. Voltaram, então, a ocupar a península. Como tinham interesses diferentes, influenciaram inicialmente a língua falada na região, introduzindo novidades no vocabulário local (Coutinho, 1976).

Vejamos alguns vocábulos gregos e suas transformações para o português:

dipló – diploma
epitáphion – epitáfio
graphein – escrita de uma palavra
kynikós – *kynós* – cínico
komoida – comédia
komos – festa
mono – um, um único
monos + *poleo* – monopólio
neûron – nervo
nous – mente, sentido, alma
oidós – cantor
oligo – poucos, poucas pessoas
oligo + *poleo* – oligopólio
orto + *graphein* – ortografia
orto – reto, direito, correto, normal
para + *nous* – paranoia
para – fora de
poleo – vender
propinó – propina (gesto de oferecer um copo de bebida a uma visita)
prósopon – máscara
psyché – alma
psychologia – psicologia

Continuando a falar sobre história, encontramos, no século V a.C., os celtas, que se fixaram na Galécia e no centro de Portugal. Esse povo passou a conviver não muito pacificamente com os iberos, mas resultaram da fusão entre esses dois povos os conhecidos *celtiberos*. Conforme Coutinho (1976, p. 47), é possível que hajam chegado até o sul deste país. Mas não parece ter sido esta a única incursão dos celtas na Península".

Observemos que, em 193 a.C., os romanos já estavam em conflito com os lusitanos e, em 95 a.C., toda a Ibéria já estava conquistada.

Você sabia que o latim e o celta são línguas parentes entre si? É devido a esse parentesco que foi possível o domínio da língua latina na Península Ibérica.

O latim falado pelo povo logo se modificou na nova terra colonizada, principalmente pela influência da língua de outros povos que invadiram a península nos séculos seguintes.

A seguir, apresentamos algumas palavras usadas no dia a dia que têm origem no latim.

Quadro 10.1 – Palavras de origem latina

PALAVRAS EM PORTUGUÊS	PALAVRAS EM LATIM
cabeça	*caput*
cordato	*cordatus*
camarilha	*camara*
companhia	*compania*
coqueluche	*cucullucia* < *cucullus*
decorar	*decorem* (ac.) < *decus*
dente	*dens*
defunto	*defunctus vita*

(continua)

(Quadro 10.1 – conclusão)

Palavras em português	Palavras em latim
libido	*libido < libere*
mensalão	*mensuale*
óbito	*obire*
pessoa	*persona*
pão	*pane, panis*
prender	*prebendere*
sal	*sal*
secretária	*secretarium*

No século VIII, ou seja, três séculos depois de os celtas chegarem ao território ibérico, surgiram os árabes (moçárabes). Na ocasião, adotou-se o árabe como língua oficial, mas o povo continuou a falar o latim vulgar modificado. Ainda segundo Coutinho (1976, p. 52), "durante o seu domínio no território ibérico, floresceram também a agricultura, o comércio e a indústria. Plantas desconhecidas na Europa foram por eles transportadas do Oriente e aí aclimatadas".

Apesar de a influência árabe ter ocorrido somente no vocabulário, encontramos, com frequência, alguns termos dessa língua em nomes de plantas, instrumentos, ofícios, medidas e na geografia, como podemos conferir pela listagem a seguir:

- plantas: algodão, alecrim, alface, alfafa;
- instrumentos variados: alaúde, tambor, alicate, gaita;
- ofícios: alfaiate, alferes, almoxarife, califa, emir;
- alimentos e bebidas: acepipe, álcool, almôndega, xarope;
- medidas: alqueire, arroba, quintal;
- outras: alarde, alarido, algazarra, álgebra, javali, cifra, zero, mesquinho, oxalá.

(10.2) Portugal e o domínio da língua portuguesa em terras de além-mar

Você já deve ter ouvido falar sobre a Reconquista, movimento realizado por formações militares cristãs mantidas pela Igreja que tinha como objetivo expulsar os muçulmanos da Península Ibérica. D. Henrique, conde de Borgonha, destacou-se nessa campanha e, por esse motivo, recebeu de D. Afonso, rei de Leão e Castela, sua filha, D. Tareja, em casamento, e de presente o Condado Portucalense, cujos domínios se estenderam com as Cruzadas, a partir de 1095, do Minho ao Tejo.

Mapa 10.2 – Rotas das Cruzadas

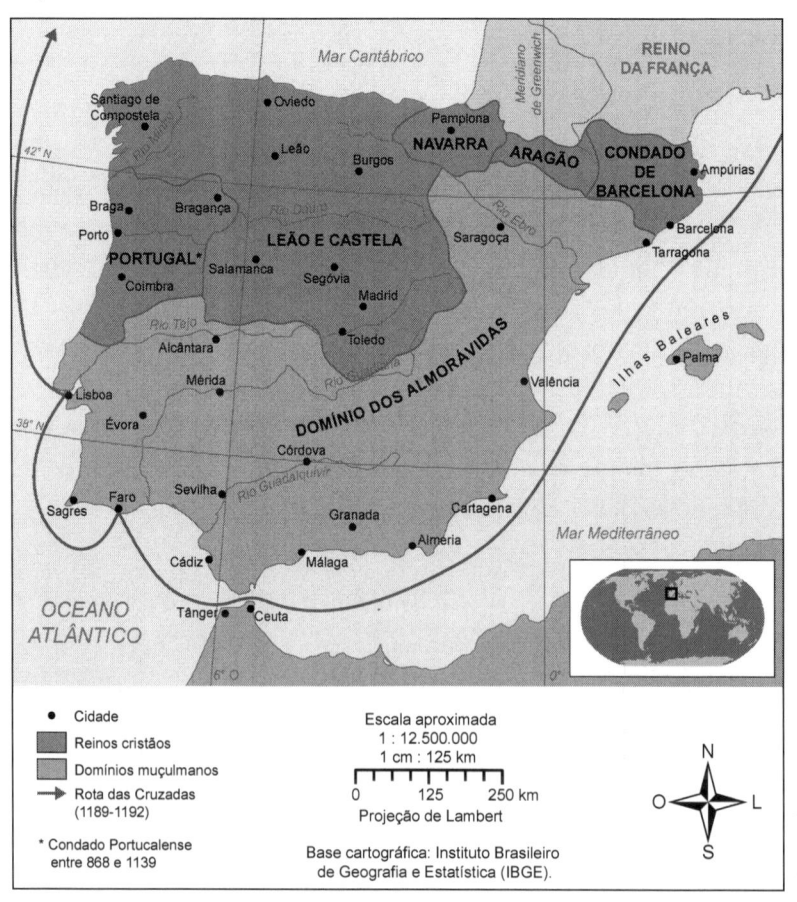

FONTE: ELABORADO COM BASE EM ALBUQUERQUE; REIS; CARVALHO, 1986.

Em 1143, D. Afonso Henriques, após a batalha de Ourique, fez-se proclamar rei de Portugal (Coutinho, 1976). Esse país se independentizou, e a língua portuguesa se diferenciou do galego falado até então. No século XII, surgiram textos integralmente escritos em português.

O estudo da língua começou a desenvolver-se a partir de 1290, com a criação das primeiras universidades. Nesse período, cultivou-se a poesia e surgiram, então, os cancioneiros.

Traduções de obras latinas, francesas e espanholas apareceram no século XV. A literatura teve seu ápice no século XVI. Nesse período, surgiu a gramática para normatizar a língua.

Foram as viagens de além-mar que expandiram os domínios da língua portuguesa. Segundo Leite de Vasconcelos, citado por Coutinho (1976), o português e suas variações dialetais expandiram-se não só pela Europa, mas por províncias ultramarinas e várias ilhas europeias. Daí temos:

- o interamnense, na região Entre-Douro-e-Minho;
- o trasmontano, em Trás-os-Montes;
- o beirão, em Beira Alta e Beira Baixa;
- o meridional, ao Sul de Portugal.

Nas ilhas europeias, falam-se:

- o açoriano, nas Ilhas dos Açores;
- o madeirense, na Ilha da Madeira.

Indo além-mar, por meio das viagens de conquistas e descobrimentos, formaram-se:

- o dialeto brasileiro, no Brasil;
- o indo-português, que se subdivide em vários outros dialetos:
  - dialeto crioulo de Diu;
  - dialeto crioulo de Damão;
  - dialeto crioulo norteiro (Bombaim, Baçaim, Caul etc.);
  - português de Goa;
  - dialeto crioulo de Mangalor, Cananor, Maé e Cochim;
  - português da costa de Coromandel;
  - dialeto crioulo de Ceilão;

- dialeto crioulo macaísta ou de Macau;
- malaio-português;
- português do Timor;
- dialeto crioulo de Cabo Verde e da Guiné;
- português das costas da África (Angola, Moçambique, Zanzibar, Mombaça, Melinde e Quiloa).

O português não é língua definitiva de domínio nas regiões citadas.

(10.3) Variações ortográficas do português

Inicialmente, a ortografia do português era marcada acentuadamente pela fonética, por isso a sua uniformidade nas províncias conquistadas tanto na Europa como nos domínios de além-mar. A partir das traduções dos textos latinos, no Renascimento, iniciam-se os estudos etimológicos, que vão estimular o surgimento de várias ortografias, identificando-se, então, três períodos[a]:

- fonético;
- pseudoetimológico;
- simplificado.

No período fonético, a grafia das palavras, por ser produto da audição, não era regular. Escrevia-se conforme se ouvia. Foi a fase do português arcaico (o leitor deveria ter a impressão o mais exata possível de como se falava a língua). Essa condição, é lógico, causaria transtornos à grafia das palavras, visto a oralidade ser dinâmica e passível de transformações provocadas por diversos fatores, o que inviabiliza a adoção de um padrão uniforme de escrita.

---

a. As informações sobre os períodos fonético, pseudoetimológico e simplificado apresentadas neste material baseiam-se nos conceitos de Coutinho (1976).

As vogais tinham representação idêntica à observada no português moderno, com pequenas ressalvas:

> O *i* podia ser representado por *y* e *j*.
> O *i* semivogal era substituído por *h*.
> Exemplos:
> *cabha – cabia*
> *dormho – dormio*

O hiato era constituído pela queda de consoante medial, que resultava na junção de duas vogais.
Exemplos:

> seer < sedere
> coor < colore
> maa < mala

As vogais nasais podiam ser representadas por til (~), dois acentos (") e *m* e *n*.
Exemplos:

> divisões < *divisões*
> honra < *omrra*
> sempre < *senpre*
> mãos < *mááos*
> homens < *omééS*

Da mesma forma, as consoantes tinham representação e valor idênticos aos observados no português moderno. Vejamos, no entanto, algumas curiosidades:

- Talvez por influência do latim ou do espanhol, o *b* aparece em palavras que atualmente se grafam com *v*. Ex.: *aber* = haver.

- O *c*, às vezes, era cedilhado antes de *e* e de *i*. Ex.: *recebi/reçebi* = recebi. Usado antes de *z* indicava o som *ç*:

> *peczo* – peço
> *faczo* – faço

Também poderia ser usado com som de *z* (com ou sem cedilha):

> *doncela* – donzela
> *fecerom* – fezerom

Poderia ser usado antes de *t* com som vocalizado:

> *derecto* – dereito
> *octubro* – outubro

- O *h* poderia ora aparecer, ora ser omitido:

> *homees* – homens
> *omilde* – humilde
> *aver* – haver

- O *j* poderia substituir o *g*:

> *jente* – gente

- O *l* poderia ser duplicado no meio e no final de palavras:

> *ella* – ela
> *castello* – castelo
> *mall* – mal

As consoantes só se dobravam quando tinham valores diferentes das simples. As consoantes *f, l* e *m* poderiam ser geminadas como o r e o s.

O período pseudoetimológico iniciou-se no século XVI e prolongou-se até 1904. Nesse período, grafavam-se as letras originárias das palavras, ainda que sem valor fonético. Foi nessa fase que surgiram as primeiras gramáticas normativas, conforme Coutinho (1976, p. 78):

> *"Regras de escrever a ortografia da língua portuguesa", de Pero Magalhães de Gândavo (1574);*
>
> *"Ortografia da língua portuguesa", de Duarte Nunes de Leão (1576);*
>
> *"Ortografia ou modo para escrever certo na língua portuguesa", de Álvaro Ferreira de Vera (séc. XVII);*
>
> *"Ortografia ou arte de escrever e pronunciar com acerto a língua portuguesa", de Madureira Feijó (séc. XVIII).*

O latim era a base de estudo para os etimologistas dessas épocas, que procuravam grafar as palavras tal como as encontravam em suas origens.

No período romântico, a base de pesquisa etimológica foi o francês. Atualmente, seguem-se as teorias saussurianas.

No período simplificado, cada autor tinha a própria grafia, situação que se tornou incômoda. Em 1904, na obra *Ortografia nacional*, Gonçalves Viana, citado por Coutinho (1976), determinou os princípios normatizadores da simplificação ortográfica:

> *Proscrição absoluta e incondicional de todos os símbolos da etimologia grega, TH, PH, CH e Y;*
>
> *Redução das consoantes dobradas a singelas, com exceção de RR e SS mediais, que têm valores peculiares;*
>
> *Eliminação de consoantes nulas, quando não influenciam na pronúncia da vogal que as preceda;*
>
> *Regularização da acentuação gráfica.*

No Brasil, em 1931, a Academia Brasileira de Letras celebrou com a Academia das Ciências de Lisboa um "acordo", colocando as divergências ortográficas. Mais dois "acordos" foram assinados posteriormente: 1943 e 1945.

Quanto à formação do nosso léxico, Coutinho (1976) cita três fontes:

1. a derivação latina;
2. a criação ou formação vernácula;
3. a importação estrangeira.

A seguir, apresentamos uma relação de metaplasmos (alterações fonéticas) que algumas palavras do português sofreram. Eles podem acontecer por acréscimo, supressão ou troca de letras (permuta).

Metaplasmos de acréscimo

Alguns tipos de metaplasmos por acréscimo são:

- PRÓTESE – acrescenta-se um fonema no início da palavra.

star	–	Estar
scutu	–	Escudo
spiritu	–	Espírito

- EPÊNTESE – o acréscimo do fonema se dá no interior do vocábulo.

sim(u)lante	–	semBlante
ingen(e)rare	–	engenDrar
stella	–	estrela
humile	–	humilDe

- PARAGOGE – o acréscimo de fonema se dá no final da palavra.

ante	–	antes
ciúme	–	ciúmes
chic	–	chique
club	–	clube

Metaplasmos de supressão

A seguir, apresentamos os metaplasmos por supressão:

- AFÉRESE – há perda de fonema no começo da palavra.

  > Episcopu   –   bispo
  > Inamorare   –   namorar
  > Insânia   –   sanha

- SÍNCOPE – a perda de fonema ocorre no meio da palavra.

  > meDiu   –   meio
  > lepore   –   lebre
  > maLu   –   mau

- APÓCOPE – o fonema final da palavra desaparece.

  > guttuR   –   gato
  > legalE   –   legar
  > amarE   –   amar
  > maré   –   mar

Metaplasmos por permuta

Os metaplasmos por permuta são:

- ASSIMILAÇÃO – um fonema transforma-se em outro.

  > caente (arc.) (< calente) > queente (arc.) > quente
  > persona > pessoa
  > maor (< maiore) > moor (arc.) (> mor) > maior

- DISSIMILAÇÃO – um fonema que é parecido com outro se torna diferente ou desaparece.

> *formosu* > *fermoso (arc.)* > formoso
> *valoroso* > *valeroso (arc.)*
> *prora* > proa

- VOCALIZAÇÃO – um fonema consonantal transforma-se em uma semivogal.

> *menhã* – manhã (< *maniana*)
> *octo* – oito
> *reGno* – reino

- CONSONANTIZAÇÃO – o fonema vocálico transforma-se em fonema consonantal.

> ɪᴜ*deu* – judeu
> ɪᴀ*cere* – jazer

- CRASE – dois fonemas vocálicos iguais fundem-se em um único fonema.

> pᴇᴇ *(arc.) (< pede)* – pé
> *a*ᴠoo *(arc.) (aviolu)* – avô
> *c*ooʀ *(arc.) (< colore)* – cor

- NASALIZAÇÃO – ocorre transformação de um fonema em outro, nasal.

> mac(u)la – maNcha
> mae (arc.) (<matre) – mãe
> mihi > mii – mIM

- DESNASALIZAÇÃO – um fonema nasal se transforma em outro, oral.

> luNa – lua
> coroa (arc.) (< coroNa) – coroa
> boa (arc.) (< boNa) – boa

Síntese

Concluímos esta obra com um capítulo sobre as origens da língua e da literatura portuguesas, a expansão desse idioma por vários continentes. Comentamos também sobre as variações ortográficas do português, apresentando alguns metaplasmos.

Atividades

1. Assinale a alternativa que contém apenas palavras com radicais gregos:
   a) Hipódromo, monogamia, centrífugo, uxoricida.
   b) Suicídio, vinicultura, filosofia, geografia.
   c) Necrotério, biografia, atmosfera, nevralgia.
   d) Pedagogo, videoteca, onipotência, uníssono.
   e) Benéfico, herbívoro, ovíparo, dicotomia.

2. Relacione os radicais gregos e latinos aos significados correspondentes:

a) *quadricromia*   ( ) escrita
b) *benéfico*   ( ) que tem a forma
c) *teologia*   ( ) morto
d) *uníssono*   ( ) sinal
e) *geografia*   ( ) que faz ou produz
f) *necrotério*   ( ) nascido em
g) *hipódromo*   ( ) estudo
h) *alienígena*   ( ) que soa
i) *puntiforme*   ( ) quatro
j) *semiologia*   ( ) lugar para correr

3. Relacione as colunas, fazendo a correspondência entre épocas e acontecimentos:

a) Século VIII
b) Século XII
c) Século XIII
d) Século XV
e) Século XVI

( ) O estudo da língua portuguesa começou a desenvolver-se com a criação das primeiras universidades. Cultivou-se a poesia.
( ) Apareceram traduções de obras literárias latinas, francesas e espanholas.
( ) Surgiram os moçárabes. Adotou-se o árabe como língua oficial, mas o povo continuou a falar o latim vulgar modificado.
( ) Houve o surgimento das gramáticas para normatizar a língua.
( ) D. Afonso Henriques, após a batalha de Ourique, fez-se proclamar rei de Portugal. Esse país tornou-se independente, e a língua portuguesa diferenciou-se do galego.

4. A grafia das letras originárias das palavras, ainda que sem valor fonético, pertence:
   a) ao período fonético.
   b) ao período pseudoetimológico.
   c) ao período simplificado.
   d) ao período complexo.
   e) ao período gramático.

5. Indique as três fontes da formação do léxico português, segundo Coutinho (1976).

Vocabulário*

a ou *ab* [prep.]: de, de parte de.

ac ver *atque* [conj.]: e por outro lado, e entretanto, e contudo.

acer, -cris, -cre [adj.]: agudo, vivo.

acērbō, -ās, -āre, -āvī, -ātum [v. trans.]: tornar amargo.

acta, -orum [subst. n.]: coisa feita, atos, ações.

ad [prep. ac. e prev.]: direção para, para, a, até.

ad [prep.]: a, para, até.

adōrō, -ās, -āre, -āvī, -ātum [v. trans.]: pedir, adorar.

advenĭō, -īs, -īre, -vēni, -vēntum [v. intr.]: chegar, vir para perto de.

aedificō, -ās, -āre, -āvi, -ātum [v. trans.]: construir, edificar.

aetērnus, -a, -um [adj.]: eterno.

ager, -grī [subst. masc.]: campo, campos lavráveis.

agnus, -ī [subst. masc.]: cordeiro.

agricŏla, -ae [subst. masc.]: lavrador, agricultor.

---

* Nesta seção, optamos por manter os acentos dos termos em latim, tais como constam nos dicionários.

alvus, -ī [subst. fem.]: ventre.

ambŭlō, -ās, -āre, -āvi, -ātum [v. trans. e intrans.]: andar.

America, ae [subst. fem.]: América.

amīca, -ae [subst. fem.]: amiga.

amicitĭa, -ae [subst. fem.]: amizade, simpatia.

amīcum, -ī [subst. masc.]: amigo.

amnis, -is [subst. masc.]: rio.

amō, -ās, -āre, -āvi, -ātum [v. trans.]: amar, gostar de.

amoenus, -a, -um [adj.]: agradável, encantador, ameno.

amplus, -a, -um [adj.]: amplo, espaçoso, vasto.

ancīlla, -ae [subst. fem.]: criada, escrava.

anĭmus, -ī [subst. masc.]: alma, vontade, desejo, espírito.

annus, -ī [subst. masc.]: ano.

ante [prep.]: diante de, na presença de.

Antōnius, -ī [subst. masc.]: Antônio.

apēllō, -ās, -āre, -āvi, -ātum [v. trans.]: chamar, dirigir-se solicitar, recorrer a.

appōrtō (adpōrtō), -ās, -āre, -āvī, -ātum [v. trans.]: trazer, levar.

appropīnquō (adpropīnquō), -ās, -āre, -āvī, -ātum [v. intrans.]: aproximar-se.

apud [prep.]: em caso de.

aqua, -ae [subst. fem.]: água.

aquĭla, -ae [subst. fem.]: águia.

ara, -ae [subst. fem.]: altar.

ardŭus, -a, -um [adj.]: alto, elevado, difícil, árduo.

Argentinia, ae [subst. fem.]: Argentina.

arma, ōrum [subst. n.]: armas.

ars, artis [subst. fem.]: habilidade, talento, arte, ofício, profissão.

ascēndō, -is, -ĕre, ascēndi, ascēnsum [v. trans.]: subir, fazer subir, crescer.

Asia, -ae [subst. fem.]: Ásia.

asĭnus, -ī [subst. masc.]: burro, asno, jumento.

asper, -a, -um [adj.]: áspero, duro, pedregoso.

astraea, -ae [subst. fem.]: constelação.

astrum, -ī [subst. n.]: astro, estrela.

attēntō (adtēntō ou attēmptō), -ās, -āre, -āvi, -ātum [v. trans.]: tentar, experimentar.

attēntus (adtēntus), -a, -um [adj.]: atento, aplicado.

audax, -ācis [adj.]: audacioso, corajoso, descarado, ousado.

audĭō, -īs, -īre, -īvī (īi), -ĭtum [v. trans.]: ouvir, escutar.

aurum, -ī [subst. n.]: ouro.

aut [conj.]: ou, ou então.

avĭa, -ae [subst. fem.]: avó.

āvĭa, -ōrum [subst. n.]: lugar intransitável.

barbărī, -ōrum [subst. masc.]: bárbaros.

beātus, -a, -um [adj.]: rico, opulento, bem-aventurado.

bellus, -a, -um [adv.]: bom, bonito.

bēlŭa, -ae [subst. fem.]: animal, fera.

bene [adv.]: bem.

bŏnum, -ī [subst. n.]: bem.

bŏnus, -a, -um [adj.]: bom, boa.

Brasilia, -ae [subst. masc.]: Brasil.

brevis, -e [adj.]: breve, curto.

brĕvis, -e [subst. fem.]: breve, curto.
brĭtānnī, -ōrum [subst. masc.]: britânicos.
cadō, -is, -ēre, cedĭdī, cāsum [v. intrans.]: cair, morrer, sucumbir.
caecus, -a, -um [adj.]: cego, que não vê.
caelum, -ī [subst. n.]: céu.
Caesar, -aris [subst. masc.]: César.
campus, -ī [subst. masc.]: planície, campo.
cantō, -ās, -āre, -āvi, -ātum [v. trans. e intrans.]: cantar.
capĭtō, -ōnis [subst. masc.]: que tem cabeça grande.
capitōlium, -ī [subst. n.]: capitólio.
captō, -ās, -āre, -āvī, -ātum [v. trans.]: apanhar, captar, tomar.
casa, -ae [subst. fem.]: cabana, choupana.
castra, -ōrum [subst. n.]: acampamento, quartel.
castus, -a, -um [adj.]: virtuoso, íntegro, casto.
Catharina, ae [subst. fem.]: Catarina.
cavĕō, -ēs, -ēre, cāvī, cautum [v. trans. e intrans.]: tomar cuidado.
cena (cesna), -ae [subst. fem.]: jantar, refeição.
Christus, -ī [subst. masc.]: Cristo.
cibō, -ās, -āre, -ăvī, -ātum [v. trans.]: alimentar, nutrir.
Cicĕrō, -ōnis [subst. masc.]: Cícero.
cicōnĭa, -ae [subst. fem.]: cegonha.
circum [prep.]: em volta de, em torno de.
cis [prep.]: aquém de.
cista, -ae [subst. fem.]: cesto de vime, cofre.

cīvis, -is [subst. masc.]: cidadão ou cidadã, súditos.
clārus, -a, -um [adj.]: claro, sonoro, ilustre, glorioso.
cōgĭtō, -ās, -āre, -āvī, -ātum [v. trans. e intrans.]: meditar, conceber, preparar, projetar.
cognata, -ae [subst. fem.]: parente.
collēga (conl-), -ae [subst. masc.]: colega, companheiro.
collŏcō (conl-), -ās, -āre, -āvī, -ātum [v. trans.]: colocar, pôr.
colūmba, -ae [subst. fem.]: pomba.
concilĭō, -ās, -āre, -āvi, -ātum [v. trans.]: reunir, juntar, ligar.
consērvō, -ās, -āre, -āvī, -ātum [v. trans.]: conservar, defender.
consul, -ŭlis [subst. masc.]: cônsul, o primeiro magistrado romano.
contrā [prep.]: de fronte de, em frente a.
convērtō, -is, -ēre, -vērti, -vērsum [v. trans.]: voltar, transformar.
cooperiō, -īs, -īre, -perŭi, -pērtum [v. trans.]: cobrir inteiramente.
cōpĭa, -ae [subst. fem.]: abundância, recursos.
cōpiōsus, -a, -um [adj.]: abundante, rico, eloquente.
Corīnthus, -ī [subst. masc.]: Corinto.
corōna, -ae [subst. fem.]: coroa.
corpus, -ŏris [subst. n.]: corpo.
cotidie [adv.]: todos os dias.
cottĭdiānus, -a, -um [adj.]: diário, de todos os dias.
cottĭdĭē [adv.]: cada dia, diariamente.
crās [adv.]: amanhã.

175

crĕō, -ās, -āre, -āvī, -ātum [v. trans.]: produzir, fazer crescer.

cum [prep.]: com.

cum, quom [conj.]: quando, logo que, desde que.

cunctus, -a, -um [adj.]: todo, inteiro, todos.

cūr [adv.]: por quê?, por que razão?

cūrō, -ās, -āre, -āvī, -ātum [v. trans.]: cuidar, tratar, curar.

damnō, -ās, -āre, -āvī, -ātum [v. trans.]: condenar, repreender, censurar.

Dāvos, -ī [subst. masc.]: Davo, nome de um escravo.

dē [prep.]: de.

dēbĕō, ēs, ēre, dēbŭī, dēbĭtum [v. trans.]: dever dinheiro, ser devedor.

decet, -ēre, decuit [v. imp.]: ser conveniente.

dēdō, -is, -ĕre, dēdĭdī, dēditum [v. trans.]: entregar-se, render-se, capitular.

dēlēctō, -ās, -āre, -āvī, -ātum [v. trans.]: atrair, seduzir, encantar.

dēlĕō, -ēs, -ēre, -ēvī, -ētum [v. trans.]: apagar, riscar, destruir, arrasar.

dēsīdĕrō, -ās, -āre, -āvī, -ātum [v. trans.]: desejar, exigir.

Deus, -ī [subst. masc.]: Deus, divindade.

dēvŏrō, -ās, -āre, -āvī, -ātum [v. trans.]: devorar, engolir, tragar.

dicō, -is, -ĕre, dīxī, dictum [v. trans.]: dizer.

difficile [adv.]: dificilmente.

dīmīttō, -is, -ĕre, -mīsī, missum [v. trans.]: mandar embora, afastar.

discipŭla, -ae [subst. fem.]: aluna, discípula.

diu [adv.]: por muito tempo.

dīvīnus, -a, -um [adj.]: divino, de Deus.

divitia, -ae [subst. fem.]: riquezas, bens.

dīvĭtĭae, -ārum [subst. fem.]: riquezas, bens, fertilidade.

dō, -ās, -ăre, dĕdī, dătum [v. trans.]: dar.

doctrina, -ae [subst. fem.]: ensino, instrução.

doctus, -a, -um [adj.]: instruído, sábio, douto.

dolĕō, -ēs, -ēre, -lŭī, -lĭtum [v. trans. e intrans.]: experimentar uma dor, deplorar, chorar.

domĭna, -ae [subst. fem.]: senhora.

domĭnus, -ī [subst. masc.]: senhor.

dōnō, -ās, -āre, -āvī, -ātum [v. trans.]: doar, dar.

dōnum, -ī [subst. n.]: dom, presente.

dūcō, -is, -ĕre, dūxi, dūctum [v. trans.]: conduzir, levar.

dum [adv.]: enquanto.

dum [conj.]: enquanto, até que.

ē [prep.]: de.

ēducātĭō, -ōnis [subst. fem.]: educação, instrução.

emō, -is, -ēre, ēmī, emptum [v. trans.]: tomar, comprar.

equus (ecus), -ī [subst. masc.]: cavalo.

erga [prep.]: para com.

error, -ōris [subst. masc.]: erro, ilusão, engano, cegueira.

et [conj.]: e.

et... et [conj.]: não só... mas.

etĭam [conj.]: e agora, daí, ainda.

Euphrātēs, -ae [subst. masc.]: Eufrates.

excitō, -ās, -āre, -āvī, -ātum [v. trans.]: mandar sair, expulsar, provocar.

exēmplum, -ī [subst. n.]: modelo, exemplo.

exigŭus, -a, -um [adj.]: exíguo, curto.

expūgnō, -ās, -āre, āvi, -ātum [v. trans.]: vencer, submeter, arrancar.

exspēctŏ, -ās, -āre, -āvī, -ātum [v. trans.]: esperar, estar na expectativa.

extra [prep.]: fora de.

fābŭla, -ae [subst. fem.]: fábula, conto.

facile [adv.]: facilmente.

facĭo, -is, -ĕre, fēcī, făctum [v. trans. e intrans.]: fazer, colocar.

fāllō, -is, -ĕre, fefēlli, falsum [v. trans. e instrans.]: esconder, encobrir, ocultar.

fāma, -ae [subst. fem.]: voz, corrente, renome, reputação, honra.

famēlĭcus, -a, -um [adj.]: faminto.

familĭa, -ae [subst. fem.]: família, gente.

fānum, -ī [subst. n.]: lugar consagrado, templo.

feliciter [adv.]: felizmente.

fēlix, -īcis [adj.]: favorável, propício, felicidade.

fēmĭna, -ae [subst. fem.]: mulher.

fera, -ae [subst. fem.]: animal selvagem.

fērĭae, -ārum [subst. fem.]: férias, dias de descanso.

fīcus, -ī e fīcus, -ūs [subst. fem.]: figueira.

fidelis, -e [adj.]: fiel, firme.

filĭus, -ī [subst. masc.]: filho.

fīnĭō, -ī, -ire, -īvī, -ītum [v. trans.]: determinar, estabelecer, prescrever.

firmō, -ās, -āre, -āvī, -ātum [v. trans.]: firmar, fortificar, reforçar.

flamma, -ae [subst. fem.]: fogo, incêndio, chama.

flētus, -us [subst. masc.]: choro, pranto, lágrimas.

flōs, flōris [subst. masc.]: flor, floração.

fluvĭus, -ī [subst. masc.]: rio, riacho.

fortiter [adv.]: fortemente.

fortitūdō, -ĭnis [sub. fem.]: força, coragem, energia.

fortūna, -ae [subst. fem.]: fortuna, sorte, destinho.

forum, -i [subst. masc.]: fórum.

fossa, -ae [subst. fem.]: fosso, trincheira.

frāter, -tris [subst. masc.]: irmão.

fructus, -ūs [subst. masc.]: fruto, proveito, colheita.

frustrā [adv.]: em vão, inutilmente.

fundus, -ī [subst. masc.]: fundo.

furtīvus, -a, -um [adj.]: roubado, furtado, secreto.

galĕa, -ae [subst. fem.]: capacete.

gallī, -ae [subst. masc.]: gauleses.

gallina, -ae [subst. fem.]: galinha.

gaudĭum, -ī [subst. n.]: alegria, satisfação.

genu, -ūs [subst. n.]: joelho.

germānī, -ae [subst. masc.]: germanos.

gladĭus, -ī [subst. masc.]: espada, gládio.

glōrĭa, -ae [subst. fem.]: glória, fama.
Graecia, -ae [subst. fem.]: Grécia.
grātēs [subst. fem.]: agradecimento, graças.
grātus, -a, -um [adj.]: grato.
habĕō, -ēs, -ēre, habŭī, habĭtum [v. trans. e intrans.]: manter, possuir, ter.
hērēs, -ēdis [subst. masc.]: herdeiro, proprietário.
hircus (hirquus, ircus), -ī [subst. masc.]: bode.
historĭa, -ae [subst. fem.]: história.
hodĭē [adv.]: hoje.
homō, -ĭnis [subst. masc.]: homem, ser humano.
hŏra, -ae [subst. fem.]: hora, tempo.
Horatĭus, -ī [subst. masc.]: Horácio.
hospĕs, -ĭtis [subst. masc.]: hóspede.
hostis, -is [subst. masc.]: estrangeiro, forasteiro, hóspede.
hūmānus, -a, -um [adj.]: humano, próprio do homem.
humus, -ī [subst. fem.]: solo, terra.
iactō, -ās, -āre, -āvī, -ātum [v. trans.]: jogar, arremessar, atirar.
ibi [adv.]: no mesmo lugar.
ignōrō, -ās, -āre, -āvī, -ātum [v. trans.]: ignorar, não saber.
in [prep.]: em.
incertus, -a, -um [adj.]: incerto, vacilante.
incŏla, -ae [subst. masc.]: morador, habitante.
indūcō, -is, -ĕre, -dūxi, -dūctum [v. trans.]: levar, seduzir.
infēctus, -a, -um [adj.]: não concluído.
ingens, -ēntis [adj.]: enorme.

inops, inopis [adj.]: sem recursos, pobre, desgraçado.
insāniō, -īs, -īvi, -ītum [v. intrans.]: estar louco, perder a razão.
insīdō, -is, -ĕre, -sēdī, -sēssum [v. trans. e intrans.]: pousar, penetrar, entrar, ocupar.
insŭla, -ae [subst. fem.]: ilha, quarteirão.
inter [prep.]: entre, no meio.
intra [adv.]: dentro.
intrō, -ās, -āre, -āvī, -ātum [v. trans. e intrans.]: ir para o interior de, entrar em, entrar.
invenĭō, -īs, -īre, vēni, vēntum [v. trans.]: encontrar, achar.
invidĕō, -ēs, -ēre, -vīdī, -vīsum [v. trans.]: olhar, invejar, odiar.
invidĭa, -ae [subst. fem.]: inveja.
invītō, -ās, -āre, -āvī, -ātum [v. trans.]: convidar.
invŏcō, -ās, -āre, -āvī, -ātum [v. trans.]: chamar, invocar.
ira, -ae [subst. fem.]: ira, cólera, fúria.
Italĭa, -ae [subst. fem.]: Itália.
iter, itineris [subst. n.]: percurso, caminho percorrido.
Jovis [subst.]: Júpiter.
Jūdaea, -ae [subst. fem.]: Judeia.
Juvenālis, -is [subst. masc.]: Juvenal.
juvĕnis, -is [subst. masc.]: jovem, rapaz.
juvō, -ās, -āre, jūvi, jūtum [v. trans.]: agradar a, ser útil.
labōriōsus, -a, -um [adj.]: laborioso, fatigante.
labōrō, -ās, -āre, -āvi, -ātum [v. trans. e intrans.]: trabalhar.

laetītĭa, -ae [subst. fem.]: alegria, prazer.

laudō, -ās, -āre, -āvi, -ātum [v. trans.]: louvar, elogiar.

legĭō, -ōnis [subst. fem.]: legiões, tropas, escolha.

legĭō, -ōnis [subst. masc.]: legião, tropas.

leō, -ōnis [subst. masc.]: leão.

lex, lēgis [subst. fem.]: lei.

līber, -brī [subst. masc.]: livro, escrito.

lībĕrō, -ās, -āre, -āvi, -ātum [v. trans.]: libertar.

lintĕum, -i [subst. n.]: túnica, cortina, lenço.

littĕra, (litĕra), -ae [subst. fem.]: letra, carta.

locis, -ī [subst. masc.]: lugar, local, posição, situação.

longus, -a, -um [adj.]: comprido, distante, que dura muito tempo.

longus, -a, -um [adj.]: grande, vasta.

longus, -a, -um [subst. fem.]: comprido.

lōrīca, -ae, [subst. fem.]: couraça.

Lucĭa, -ae [subts. fem.]: Lúcia.

lucrum, -ī [subst. n.]: lucro, ganho.

lūna, -ae [subst. fem.]: lua.

māchĭna, -ae [subst. fem.]: invenção, máquina.

magistra, -ae [subst. fem.]: mestra, a que ensina.

magnus, -a, -um [adj.]: grande, elevado, vasto, abundante.

male [adv.]: mal.

malum, -ī [subst. n.]: mal, perigo.

mālus, -ī [subst. fem.]: macieira.

mancipĭum, (-cupĭum), -ī [subst. n.]: escravo.

māter, -tris [subst. fem.]: mãe, pátria, maternidade.

mens, -tis [subst. fem.]: mente, espírito, juízo.

merŭla, -ae [subst. fem.]: melro (ave), peixe desconhecido.

meus, -a, -um [pron. poss.]: meu, minha, que me pertence.

mīles, -ĭtis [subst. masc.]: soldado, exército.

miser, -ĕra, -ĕrum [adj.]: infeliz, miserável.

miseria, -ae [subst. fem.]: miséria, adversidade, infelicidade.

mītĭgō, -ās, -āre, -āvī, -ātum [v. trans.]: amolecer, adocicar.

modo [adv.]: somente, nem mais, nem menos, apenas.

monĕō, -ēs, -ēre, monŭi, monĭtum [v. trans.]: lembrar.

monstrō, -ās, -āre, -āvī, -ātum [v. trans.]: mostrar, indicar.

mors, mortis [subst. fem.]: morte, falecimento.

mortālis, -e [adj.]: mortal, sujeito à morte.

mortuus, -a, -um [adj.]: morrer, perecer.

mulĭer, -ĕris [subst. fem.]: mulher.

multus, -a, -um [adj.]: muitos.

mundus, -ī [subst. masc.]: mundo, universo.

mūrus, -ī [subst. masc.]: muro.

mystērĭum, -ī [subst. n.]: mistérios.

nam [conj.]: pois, com efeito.

nam [part. afirm.]: de fato, pois.

narrō, -ās, -āre, -āvī, -ātum [v. trans.]: narrar, contar.

nātūra, -ae [subst. fem.]: natureza, nascimento.

nātūralis, -e [adj.]: natural, temperamento, índole.

nauta, -ae [subst. masc.]: marinheiro.

nāvĭgō, -ās, -āre, -āvi, -ātum [v. trans.]: navegar, viajar por mar, lago ou rio.

nē [adv.]: não.

necessĭtās, -tātis [subst. fem.]: necessidade, obrigação.

negōtium, -ī [subst. n.]: trabalho, ocupação.

nēmō, ĭnis [subst. masc.]: ninguém.

neque [conj.]: nem, e não.

nihil, nil [pron.]: nada.

nisi [conj.]: se não, senão, a menos que.

noctūrnus, -a, -um [adj.]: noturno.

nōmen, -ĭnis [subst. n.]: nome, nome próprio.

nōn [adv.]: não.

non modo… sed etiam [conj.]: não somente… mas ainda.

non solum… sed etiam [adv.]: não somente… mas também.

nōs, nostrum ou nostrī [pron. pess.]: nós.

noster, -tra, -trum [pron. poss.]: nosso, nossa.

nota, -ae [subst. fem.]: sinal, marca, escrito.

novus, -a, -um [adj.]: novo, recente.

noxa, -ae [subst. fem.]: culpa, falta, delito, crime.

num [adv.]: por acaso.

numĕrō, -ās, -āre, -āvi, -ātum [v. trans.]: contar, numerar.

nunc [adv.]: agora.

nunquam [adv.]: jamais, nunca.

nuptĭae, -ārum [subst. fem.]: núpcias.

obsērvō, -ās, -āre, -āvi, -ātum [v. trans.]: observar, guardar.

obtempĕro (obtempĕrō), -ās, -āre, -āvi, -ātum [v. intrans.]: obedecer.

odĭum, -ī [subst. n.]: ódio, aversão.

odor, -ōris [subst. masc.]: odor, cheiro, perfume.

omnĭa, -ĭum, omnis, -e [adj. e pron. indef.]: todo, toda, qualquer, cada.

omnis, -e [adj.]: todo, toda, de toda a espécie, qualquer.

oppĭdō, -ī [subst. n.]: muito, extremamente.

opportunitas, -tatis [subst. fem.]: oportunidade, situação favorável.

optō, -ās, -āre, -āvī, -ātum [v. trans.]: desejar, escolher.

opulēntus, -a, -um [adj.]: rico em, poderoso, suntuoso.

opus, -ĕris [subst. n.]: obra.

ornō, -ās, -āre, -āvī, -ātum [v. trans.]: preparar, ornar, enfeitar.

ōtĭum, -ī [subst. n.]: tempo de vagar, ócio.

pānis, -is [subst. masc.]: pão.

pār, paris [adj.]: mérito, semelhante.

parăgraphus, -i [subst. masc.]: parágrafo.

parō, -ās, -āre, -āvi, -ātum [v. trans. e intrans.]: preparar.

parvus, -a, -um [adj.]: pequeno, curto.

pater, -tris [subst. masc.]: pai.

patrĭa, -ae [subst. fem.]: pátria, terra natal.

pauci, -ōrum [subst. masc. plur.]: poucos, algumas pessoas.

pauper, -eris [adj.]: pobre, sem recursos.

pāx, pācis [subst. fem.]: paz.

pecūnĭa, -ae [subst. fem.]: riqueza, dinheiro.

pellō, -is, -ĕre, pepŭlī, pulsum [v. trans.]: impelir, lançar, expulsar, afastar.

per [prep.]: por, por meio, através.

perfēctus, -a, -um [adj.]: perfeito, acabado.

persevērō, -ās, -āre, -āvī, -ātum [v. intrans.]: perseverar, persistir.

persōna, -ae [subst. fem.]: cargo, máscara, caráter, função.

pervenĭō, -īs, -īre, -vēnī, -vēntum [v. intrans.]: atingir, chegar a.

pēs, pēdis [subst. masc.]: pé.

petra, -ae [subst. masc.]: Pedro; [subst. fem.]: pedra.

Philosophĭa, -ae [subst. fem.]: filosofia.

pigrē [adv.]: preguiçosamente.

pīlum, -ī [subst. n.]: dardo.

pingō, -is, -ĕre, pinxi, pictum [v. trans.]: enfeitar, pintar.

pīrāta, -ae [subst. fem.]: pirata.

pĭus, -a, -um [adj.]: piedoso.

platănus, -ī ou -ūs [subst. fem.]: plátano.

poēta, -ae [subst. masc.]: poeta, artista.

pondus, -ĕris [subst. n.]: peso, carga, autoridade.

popŭlus, -ī [subst. masc.]: povo.

porta, -ae [subst. fem.]: passagem, porta.

Portō, -ās, -āre, -āvī, -ātum [v. trans.]: fazer passar, transportar, levar, trazer.

post [adv.]: depois, em seguida.

postquam [conj.]: depois de.

postridie [adv.]: no dia seguinte.

pracēptum, -ī [subst. masc.]; lição, instrução.

praemĭum, -ī [subst. n.]: recompensa, prêmio.

pridie [adv.]: na véspera.

princeps, -cĭpis [adj. e subst.]: que ocupa o primeiro lugar, o principal.

prō [prep. abl.]: diante de, em presença de.

proelĭum, -ī [subst. n.]: prédio, combate, batalha.

propĕrō, -ās, -āre, -āvī, -ātum [v. trans. e intrans.]: apressar, precipitar.

propter [prep.]: perto de.

prosper, -a, -um [adj.]: próspero, feliz.

prōvincĭa, -ae [subst. fem.]: província.

proxĭmus, -a, -um [adj.]: o mais próximo, o que está mais perto.

prūdēnter [adv.]: com sagacidade, habilmente, prudentemente.

puēlla, -ae [subst. fem.]: menina.

puer, -ĕri [subst. masc.]: menino, criança.

pugna, -ae [subst. fem.]: arma de combate, batalha.

pugnō, -ās, -āre, -āvī, -ātum [v. intrans.]: lutar contra, travar batalha.

pulcher, -chra, -chrum [adj.]: belo, formoso, forte.

putō, -ās, -āre, -āvī, -ātum [v. trans.]: limpar, purificar, podar, cortar.

qua [adv.]: por onde.

quī, quae, quod [pron. relat.]: que, o qual, quem.

quia [conj.]: porque.

quidem [adv.]: na verdade, é verdade.

quo [adv.]: para onde, aonde.

quonĭam [conj.]: depois que, porque.

quoque [adv.]: também.

rapiō, -is, -ĕre, rapŭī, raptum [v. trans.]: arrebatar, tomar violentamente.

rectus, -a, -um [adj.]: reto, conveniente, bom.

rēgĭna, -ae [subst. fem.]: rainha.

rēgnō, -ās, -āre, -āvī, -ātum [v. trans. e intrans.]: reinar, governar.

rēgnum, -ī [subst. n.]: reino, realeza.

remĕŏ, -ās, -āre, -āvī, -ātum [v. trans.]: voltar, tornar, recomeçar.

rēs, rĕī [subs. fem.]: coisa.

rēx, rēgis [subst. masc.]: rei, soberano.

rīsus, -ūs [subst. masc.]: riso, risada.

rogō, -ās, -āre, -āvī, -ātum [v. trans.]: dirigir-se a, interrogar, perguntar.

Rōma, -ae [subst. fem.]: Roma.

rōmānī, -ōrum [subst. masc. plur.]: os romanos.

rosa, -ae [subst. fem.]: rosa (flor).

rotŭndus, -a, -um [adj.]: redondo.

sabīnus, -a, -um [adj.]: dos sabinos, Sabino.

sacrificō, -ās, -āre, -āvī, ātum [v. trans. e intrans.]: oferecer um sacrifício, sacrificar.

saepe [adv.]: muitas vezes.

saepiō, -īs, -īre, saepsī, saeptum [v. trans.]: cercar, cingir, fechar, proteger.

sagītta, -ae, [subst. fem.]: seta, flecha.

salus, -utis [subst. fem.]: saúde, cura.

salūtō, -ās, -āre, -āvī, -ātum [v. trans.]: salvar, saudar.

sancĭō, -īs, -īre, sanxi, sānctum [v. trans.]: tornar sagrado, consagrar.

sanctus, -a, -um [adj.]: tornado sagrado.

sānus, -a, -um [adj.]: são, que está de saúde, que está bom.

sapientĭa, -ae [subst. fem.]: aptidão, saber.

sapor, -ōris [subst. masc.]: gosto, sabor, perfume.

saxum, -ī [subst. n.]: pedra, rochedo.

scālae, -ārum [subst. fem.]: escada, degraus, escadaria.

schola, -ae [subst. fem.]: escola, lição, matéria.

sciō, -īs, -īre, -īvī, itum [v. trans. e intrans.]: saber, conhecer, decretar.

scortum, -ī [subst. n.]: prostituta.

scrībō, -is, -ĕre, scrīpsi, scrīptum [v. trans.]: escrever.

scūtum, -ī [subst. n]: escudo.

sed [conj.]: mas, porém.

sēdŭlus, -a, -um [adj.]: diligente, zeloso, aprimorado.

semper [adv.]: para sempre, sem cessar.

senix, senis [adj. e subst. masc.]: velho, velha.

sentĭō, -īs, -īre, sēnsī, sēnsum [v. trans. e intrans.]: sentir, perceber, pensar.

serēnum, -i [subst. n.]: tempo sereno, céu sereno.

servus, -ī [subst. masc.]: escravo, servo.

sī [conj.]: se, se por acaso, já que.

sīc [adv.]: assim, desta maneira.

Sicilĭa, -ae [subst. fem.]: Sicília.

sīcut ou sīcŭtī [adv.]: como, assim como.

signum, -ī [subst. n.]: sinal, marca.

silva, -ae [subst. fem.]: floresta, mata.

simul [adv.]: ao mesmo tempo.

sine [prep.]: sem.

sinīster, -tra, -trum [adj.]: esquerdo, sinistro.

situs, -a, -um [adj.]: situado.

sōl, sōlis [subst. masc.]: o sol, dia, luz.

sōlitūdō, -ĭnis [subst. fem.]: solidão, abandono, vida isolada.

somnus, -ī [subst. masc.]: sono.

stagnum, -ī [subst. n.]: lago, tanque, água parada.

statŭa, -ae [subst. fem.]: estátua.

stēlla, -ae [subst. fem.]: estrela.

stō, -ās, -āre, stetī, stātum [v. intrans.]: estar de pé, estacionar, parar, morar.

stultus, -a, -um [adj.]: estulto, tolo, imbecil.

suāvis, -e [adj.]: suave, agradável, encantador.

sub [prep.]: sob, debaixo de.

sui, sibi, se [pron.]: dele, para si, a si.

sum, es, esse, fuī [v. intrans.]: ser, existir.

supra [prep.]: sobre, além de.

taeda (tēda), -ae [subst. fem.]: tocha.

tamen, attamen [conj.]: todavia, contudo.

taurus, -ī [subst. masc.]: touro, boi.

tēla, -ae [subst. fem.]: teia, trama, intriga.

templum, -ī [subst. n.]: templo.

temptātĭō, -ōnis [subst. fem.]: prova, experiência.

tener, -ĕra, -ĕrum [adj.]: tenro, delicado, doce.

terra, -ae [subst. fem.]: terra.

terrĕō, -ēs, -ēre, terrŭī, terrĭtum [v. trans.]: aterrorizar, afugentar.

testāmēntum, -ī [subst. masc.]: testamento.

tigris, -is [subst. masc.]: tigre.

timĕō, -ēs, -ēre, timŭī [v. trans. e intrans.]: temer, recear.

timor, ōris [subst. masc.]: temor, medo, receio.

tormēntum, -ī [subst. n.]: máquina de atirar projéteis, tormento, tortura.

trāns [prep.]: além de, para o outro lado.

trēs, tria [num. card.]: três.

tuba, -ae, [subst. fem.]: trombeta, tuba.

turba, -ae [subst. fem.]: agitação, multidão em desordem, turba.

turpis, -e [adj.]: desagradável, vergonhoso, desonroso.

tūtor, -āris, -āri, -ātus sum [v.]: garantir, sustentar.

tuus, -a, -um [pron. poss.]: teu, tua.

ubi [adv.]: onde, no lugar em que.
umbra, -ae [subst. fem.]: sombra.
unde [adv.]: donde, de onde.
urbānus, -a, -um [adj.]: da cidade.
urbs, urbis [subst. fem.]: cidade, cidadãos.
urna, -ae [subst. fem.]: urna.
ut [conj.]: para que, a fim de que.
ut, sicut [conj.]: como.
ūva, -ae [subst. fem.]: uva.
uxor, -ōris [subst. fem.]: esposas.
vacca, -ae [subst. fem.]: vaca.
vallō, -ās, -āre, -āvī, -ātum [v. trans.]: fortificar, defender.
vallum, -ī [subst. n.]: paliçada, trincheira.
vel... vel [conj.]: ou... ou.
Venerĭus, -ī [subst. masc.]: do templo de Vênus, Vênus.
verbum, -ī [subst. n.]: palavra.
vērĭtās, -tātis [subst. fem.]: verdade, realidade.
versus, -us [subst. masc.]: volta.
via, -ae [subst. fem.]: via, estrada, caminho, rua.

vidĕō, -ēs, ēre, vīdī, vīsum [v. trans e intrans.]: ver.
villa, -ae [subst. fem.]: casa de campo, propriedade, residência.
vinum, -ī [subst. n.]: vinho.
viŏla, -ae [subst. fem.]: violeta.
vir, virī [subst. masc.]: homem.
virgō, -ĭnis [subst. fem.]: virgem, jovem.
virtūs, -tūtis [subst. fem.]: força, vigor, coragem.
vīsitō, -ās, -āre, -āvi, -ātum [v. trans.]: visitar.
vīta, -ae [subst. fem.]: vida.
vīvō, -is, -ĕre, vixi, victum [v. intrans.]: viver, ter vida, existir.
vocō, -ās, -āre, -āvī, -ātum [v. trans.]: chamar, convocar.
volō, -ās, -āre, -āvī, -ātum [v. intrans.]: voar.
volūntās, -tātis [subst. fem.]: vontade, favor.
vōs [pron. pess.]: vós.
vulpēcŭla (volp-), -ae [subs. fem.]: raposa.

Lista de abreviaturas

adj.	adjetivo
adv.	advérbio
conj.	conjunção
fem.	feminino
intrans.	intransitivo
masc.	masculino
n.	neutro
nom.	nominativo
num. card.	numeral cardinal ordinal
part. afirm.	partícula afirmativa
plur.	plural
prep.	preposição
prep. abl.	preposição ablativa

prep. ac. e prev.	preposição acusativa e preverbial
pron.	pronome
pron. pess.	pronome pessoal
pron. poss.	pronome possessivo
pron. relat.	pronome relativo
subst.	substantivo
v.	verbo
v. intrans.	verbo intransitivo
v. trans.	verbo transitivo

Referências

ALBRECHT, J. Latim volta a ser popular nas escolas e universidades da Alemanha. **DW**, 19 set. 2012. Cultura. Disponível em: <http://www.dw.com/pt-br/latim-volta-a-ser-popular-nas-escolas-e-universidades-da-alemanha/a-16246030>. Acesso em: 24 out. 2017.

ALMEIDA, N. M. de. **Gramática latina**: curso único e completo. 29. ed. São Paulo: Saraiva, 2004.

ALBUQUERQUE, M. M. de; REIS, A. C. F.; CARVALHO, C. D. de. **Atlas histórico escolar**. 8. ed. Rio de Janeiro: Fename, 1986.

ARRUDA, J. J. de A. **Atlas histórico básico**. 17. ed. São Paulo: Ática, 2010. Escalas variam.

BALDIM, L. E. **Exercícios de língua latina**. Três Corações: Universidade Vale do Rio Verde, 1998.

BERGE, D. et al. **Ars latina**: primeiro e segundo anos. 33. ed. Petrópolis: Vozes, 2001.

BRASIL. Lei n. 4.024, de 20 de dezembro de 1961. **Diário Oficial da União**, Brasília, Poder Legislativo, 27 dez. 1961. Disponível em: <http://www.planalto.gov.br/ccivil_03/leis/L4024.htm>. Acesso em: 24 out. 2017.

CARDOSO, Z. de A. **Iniciação ao latim**. São Paulo: Ática, 2011. (Série Princípios, v. 172) E-book.

CESAR, J. Commentariorvm de bello gallico: liber primvs. **The Latin Library**. Disponível em: <http://www.thelatinlibrary.com/caesar/gall1.shtml>. Acesso em: 6 nov. 2017.

CIA – Central Intelligence Agency. The World Factbook. Disponível em: <https://www.cia.gov/Library/publications/the-world-factbook/fields/2098.html>. Acesso em: 23 out. 2017.

COLLINS, J. F. **A Primer of Ecclesiastical Latin**. Washington: The Catholic University of American Press, 1985.

COMBA, J. **Gramática latina para seminários e faculdades**. 3. ed. São Paulo: Salesiana Dom Bosco, 1981.

COUTINHO, I. L. **Pontos de gramática histórica**. 7. ed. Rio de Janeiro: Ao Livro Técnico, 1976.

CUNHA, C.; CINTRA, L. **Nova gramática do português contemporâneo**. 6. ed. Rio de Janeiro: Lexicon, 2013.

ESPAÑA prerromana. Disponível em: <https://uni.edu/~castillo/123/prerromanos.htm>. Acesso em: 24 out. 2017.

FREIRE, A. **Gramática latina**. Braga: Publicações da Faculdade de Filosofia/Livraria Apostolado da Imprensa, 1987.

ILARI, R. **Linguística românica**. São Paulo: Ática, 2002.

KLUEMPERS, J. Língua morta, porém popular. **Deutsche Welle World**, 23 abr. 2006. Disponível em: <http://latim.paginas.ufsc.br/files/2012/06/Li%CC%81ngua-morta.pdf>. Acesso em: 4 out. 2017.

LODEIRO, J. **Traduções dos textos latinos**: para uso dos ginásios, colégios e seminários. Porto Alegre: Globo, 1968.

MESQUITA, R. M. **Gramática da língua portuguesa**. São Paulo: Saraiva, 1994.

NÓBREGA, V. L. da. **A presença do latim**. Rio de Janeiro: Inep/MEC, 1962.

REVISTA LÍNGUA PORTUGUESA. Ano I. São Paulo: Segmento, 2006.

RÓNAI, P. **Curso básico de latim**: gradus primus. 14. ed. São Paulo: Cultrix, 2000.

SAYLOR, S. **A decisão de César**. São Paulo: Record, 2007.

_____. **Sangue romano**. Lisboa: Quetzal, 1991.

TAYLOR, C. **Um pilar de ferro**. São Paulo: Record, 2003.

VALENTE, Pe. M. L. **Gramática latina para o ginásio**. 10. ed. Porto Alegre: Selbach, 1945.

_____. **Ludus primus**. Porto Alegre: Selbach, 1952.

Respostas

Capítulo 1

1. V, F, V, V, F.
2. F, V, V, V, F.
3. c
4. d
5. a

Capítulo 2

1. D, C, B, A.
2. c
3. b
4. a
5. b

Capítulo 3

1. b
2. b
3. c
4. d
5. b

Capítulo 4

1. c
2. b
3. c
4. d
5. *Rosa regina naturae erit.*

Capítulo 5

1. c
2. b
3. d
4. a
5. c

Capítulo 6

1. c
2. b
3. a
4. c
5. b

Capítulo 7

1. b
2. d
3. c
4. d
5. b

Capítulo 8

1. c
2. a
3. b
4. c
5. d

Capítulo 9

1. a
2. b
3. c
4. b
5.
   a. *et.*
   b. *de, propter.*
   c. *ibi.*

Capítulo 10

1. c
2. e, i, f, j, b, h, c, d, a, g
3. c, d, a, e, b
4. b
5. Derivação latina, criação ou formação vernácula, importação estrangeira.

Impressão:
Novembro/2017